GUERREIROS DA NATUREZA

JORGE PONTES

GUERREIROS DA NATUREZA

A história do combate aos crimes ambientais na Polícia Federal

mapa lab

Rio de Janeiro, 2022

Produção Editorial: mapa lab

Revisão: Marcella Sarubi

Capa, projeto gráfico e diagramação: Sérgio Campante
Imagem de capa: Ilustração digital de Sérgio Campante sobre imagens de Cesar Luiz Leite (Wikimedia), Simon-Shim (unsplash), Ren-Ran (Unsplash) e Engin-Akyurt (Unsplash)

Impressão e acabamento: Grafitto Gráfica

Dados Internacionais de Catalogação na Publicação (CIP)

P814g Pontes, Jorge, 1960-

Guerreiros da natureza : a história do combate aos crimes ambientais na Polícia Federal / Jorge Pontes. — Rio de Janeiro : Mapa Lab, 2022.

168 p. ; 23 cm.

ISBN 978-65-86367-30-0

1. Crime ambiental 2. Polícia Federal 3. Brasil

I. Título.

CDU [349.6:504]:351.74(81)

Bibliotecária: Ana Paula Oliveira Jacques / CRB-7 6963

contato@mapalab.com.br | www.mapalab.com.br

mapa.lab /amapalab @amapalab

SUMÁRIO

À minha querida mãe, Norma Barbosa Pontes, a quem devo a existência, pela cumplicidade e pelo amor incondicional que me dedicou — e segue dedicando — durante toda a minha vida.

PREFÁCIO

FERNANDO GABEIRA

Este livro conta a história do despertar da consciência ambiental na Polícia Federal brasileira e do esforço para construir uma estrutura de combate à destruição da natureza.

É uma narrativa fascinante, porque começa com a simples descoberta de uma carga de tartarugas vivas que seriam vendidas ilegalmente. Na verdade, quando a apreensão aconteceu no Rio Negro, os policiais estavam combatendo o tráfico de drogas.

Das tartarugas para as araras-azuis, papagaios, aranhas, os primórdios do trabalho transitaram principalmente pela defesa da fauna. Só isso é de uma extraordinária importância para a história ambiental do Brasil, principalmente se o vemos agora, sob a ótica de sobreviventes de uma pandemia de coronavírus que matou mais de seis milhões de pessoas no mundo, das quais em torno de 700 mil em nosso país. Naquela época, o tema ainda não era grande preocupação. Mas o simples fato de iniciarmos um controle pode ter nos salvado de outras pandemias.

O princípio nem sempre é fácil. Num país com tanta criminalidade, vale a pena proteger a fauna e a natureza? Felizmente a resposta foi afirmativa apesar de ter sido necessário superar muitos preconceitos, inclusive o forte machismo na sociedade brasileira. Não é um acidente o número superior de mulheres nos primeiros grupos que se dedicaram ao tema.

O que parece ter dado muita força ao trabalho foram sobretudo os contatos internacionais do autor, não só com os norte-americanos, mas também na Europa e outros continentes. A importância que o mundo dava ao tema era uma clara indicação da urgência de ir adiante, sobretudo no Brasil, o país com maior biodiversidade do mundo.

À medida que avançou o trabalho, novas perspectivas foram surgindo. Na defesa da fauna evolui-se para a compreensão de um crime que até hoje não é bem enquadrado na legislação brasileira. O encontro do conhecimento humano com a riqueza da floresta tem um enorme potencial econômico. É preciso respeitar os direitos nacionais e também os saberes das comunidades nativas. Um caso dos mais rumorosos foi a detenção de um homem que colecionava aranhas e as exportava. Era alemão e sabia da importância que o veneno da aranha poderia ter para a medicina. Olhando para trás parece apenas uma sutil proteção da biodiversidade. Uma ação semelhante foi ironizada por Roberto Campos, que a batizou de "a aranha é nossa". Como todas as pessoas inteligentes, Roberto Campos teve seu momento de estupidez. Religioso defensor do livre comércio, ele achava que as aranhas podiam ser retiradas da natureza e ser vendidas assim. E nem suspeitava na sua ignorância dos grandes temas de biossegurança que envolvem uma exportação descontrolada. Hoje, na Amazônia, há brasileiros que criam cobras venenosas e vendem legalmente o veneno para a indústria farmacêutica que produz vários remédios, sobretudo oriundos da jararaca.

Da biopirataria o tema iria se expandir mais ainda. Penas de aves brasileiras e partes de animais silvestres eram exportados em grande escala sob o rótulo de artesanato indígena. No entanto, era apenas uma ação predatória, realizada parcialmente com cumplicidade de funcionários da Funai. Hoje o material apreendido está onde deveria estar: num museu.

Ao longo do livro, à medida em que o conhecimento se alarga, é também fascinante ver como os agentes estudaram, a partir da compreensão de que certos crimes ambientais só podem avançar com a ajuda da ciência. Foi assim na Operação Nautilus, quando precisavam determinar claramente os corais que eram desviados do litoral do Nordeste. Da mesma forma, os conhecimentos sobre as madeiras brasileiras foram fundamentais no combate ao assalto à Amazônia e à Mata Atlântica.

Infelizmente todo esse avanço conceitual na PF não foi acompanhado pelas Forças Armadas brasileiras, muito presas ainda aos dogmas da civilização ocidental que veem a natureza como algo a ser domado pela tecnologia e as diversas culturas como expressões antigas que devem desaparecer numa unidade maior.

O trabalho, cujos frutos, por exemplo, ainda se faziam sentir na Amazônia, vive um momento difícil. Alguns dos expoentes da PF ambiental, como Alexandre Saraiva e Franco Perazzoni, foram afastados da área precisamente por causa de sua competência. A modernidade da PF se confronta aí com a retrógrada visão de um governo que não percebe onde está a melhor e mais produtiva maneira de usar nossa riqueza ambiental.

Os frequentadores de Fernando de Noronha gostam de visitar o paraíso. Mas talvez não saibam que foi esse trabalho magnífico que resultou na instalação de uma estrutura mínima que pudesse preservar o santuário ecológico que visitam.

O livro de Jorge Pontes é uma excelente oportunidade para o Brasil compreender sua grandeza e reconhecer o trabalho daqueles que a protegem. Mas certamente é também uma plataforma para voarmos mais longe, sobretudo agora que a consciência ambiental cresceu em todo o planeta, num projeto mais ambicioso de proteção à natureza e ao desenvolvimento sustentável.

No meu entender, o futuro do Brasil depende deste dilema: prosseguir nas trevas ou retomar as luzes que nos guiaram até os anos iniciais do século, sobretudo quando conseguimos simultaneamente deter o desmatamento e expulsar o garimpo ilegal das terras indígenas.

A tarefa será mais difícil. Organizações criminosas do sul se infiltraram e o crime na Amazônia tornou-se mais rico, poderoso e sofisticado. Hoje, desmatamento, garimpo, tráfico de animais e de drogas, está tudo interligado e estamos perdendo o controle da Amazônia da mesma forma que perdemos o controle dos morros do Rio para o tráfico e milícias.

Nada é impossível se retomarmos o espírito que foi despertado pelas tartarugas, avançou com o da busca do conhecimento e fortaleceu-se com os vínculos internacionais.

Chegaremos lá e saberemos honrar nossos pioneiros.

Era uma noite de agosto de 1989. Uma Boston Whaler cortava o Rio Negro enfrentando o vento e a chuva. A lancha, que tinha sido um presente da Guarda Costeira dos Estados Unidos, era toda de fibra de vidro, com bancos acolchoados e de linhas modernas e aerodinâmicas, e levava dois motores Mercury de 300 HP. Por conta disso, poucos barcos tinham alguma chance de escapar de uma perseguição policial fluvial, que eram muito comuns à época.

Eu era um dos doze agentes federais que completara, há pouco mais de duas semanas, o curso de instrução em técnicas de polícia marítima, que incluía o manejo e a condução daquela embarcação. Por um acaso do destino, nenhum dos outros onze agentes diplomados comigo — todos mais experientes — foi encontrado, e, dessa feita, fui convocado pelo delegado de plantão para pilotar a Boston Whaler na diligência policial marcada para aquela noite chuvosa de sábado. De certa forma, o meu engajamento fortuito naquela missão acabou sendo determinante para o que aconteceria em toda a minha carreira no futuro...

A denúncia, trazida por um dos nossos informantes, era de que um barco médio, de pesca, tinha sido carregado com grande quantidade de pasta base de cocaína, e que a droga seria desembarcada naquela madrugada em Manaus para ser refinada e transportada para o Rio de Janeiro.

Havia pouca visibilidade e o rio estava batido, com muitas toras de madeira e outros objetos grandes boiando. O calor embaçava as lentes dos meus óculos, que ainda eram salpicadas pelas gotas de chuva. Por incrível que possa parecer, a pouca visibilidade e a minha total falta de experiência anterior não me tiraram a confiança. Eu sabia que um dia teria que colocar em prática aquele treinamento, mas não esperava que fosse tão cedo e numa situação tão adversa.

Passávamos com a lancha em alta velocidade por entre tocos e pedaços de madeira, que eu só conseguia enxergar quando já estavam a poucos metros do casco. Apesar de potente, havia um único farol. Ele era operado por um dos meus colegas, que praticamente fazia milagres para iluminar o caminho e, ao mesmo tempo, o horizonte, em busca do barco alvo da nossa diligência fluvial. Com o foco relativamente reduzido, o operador jogava o feixe de luz rapidamente à frente da lancha para me auxiliar a desviar das toras e logo o levantava, percorrendo com a luz os arredores para detectar embarcações a serem abordadas. Nesse curto lapso, a lancha praticamente seguia uma trajetória cega na escuridão do rio. Era de fato um tempo em que acreditava que nada aconteceria comigo.

Nós contávamos também com um megafone instalado na lancha, que usávamos para nos identificar e ordenar o desligamento dos motores dos barcos que abordávamos. Normalmente, quem operava o megafone era o agente mais antigo, com mais moral. Era ele quem fazia soar a voz metálica da Polícia Federal (PF), mandando parar e mandando seguir, o que, invariavelmente, era obedecido.

Meus companheiros de missão eram todos agentes do Serviço Operacional (SO) da notória e respeitada DRE/SR/DPF/AM, a ultra operacional unidade de repressão a entorpecentes da PF no Amazonas. Eram policiais extremamente motivados e focados, que respiravam a guerra às drogas dia e noite. O estado do Amazonas era tradicionalmente um dos campeões de apreensões de droga, principalmente de pasta base de cocaína e de cocaína já refinada.

Ao longo da ronda fluvial, paramos dois barcos, que estavam praticamente vazios. A terceira embarcação que abordamos era um barco de pesca relativamente grande, de apenas um andar, mas bem espaçoso. Contava também com um porão largo, com boa capacidade de armazenamento, em que um homem de altura média ficaria de pé sem a necessidade de se vergar.

Quatro de meus colegas entraram rapidamente no barco e dois desceram ao porão. Havia, sobre quase toda a extensão da embarcação, uma lona azul grossa cobrindo o que seria a carga. A Boston Whaler já estava atracada e amarrada, e eu apenas observava o esforço que um dos federais fazia para levantar a lona e desvelar o conteúdo.

Lembro de que o agente que operava o farol lançou o canhão de luz sobre a lona que escondia a carga. Havia uma expectativa e uma tensão no ar, certamente com a possibilidade de estarmos diante da droga que buscávamos. Estávamos todos já de arma em punho, prontos para dar voz de prisão em flagrante.

E foi justamente aí que ouvi a frase que nunca esqueceria:

— Não é nada, são só tartarugas!

Eram talvez mais de 60 tartarugas de água doce, quase todas enormes. Havia a mesma quantidade, talvez um pouco menos, no porão do barco.

Aquela equipe estava tão focada na missão de tirar do mercado algumas dezenas de quilos de pasta de coca que não fazia sentido distrair-se com um carregamento de tartarugas.

Vendo o barco se afastar lentamente, fiquei me perguntando quantas fêmeas grávidas deveriam estar ali, quantas matrizes daquela espécie estavam sendo retiradas da natureza, que impacto isso traria não apenas para a população geral daqueles quelônios mas também para o próprio ecossistema de onde tinham sido retiradas.

Em frações de segundos, me perguntei a que ponto aquelas cento e poucas tartarugonas eram mais ou menos importantes para a sociedade do que cento e poucos quilos de pasta de coca ou mesmo do que uma carga mediana de aparelhos eletrônicos desviados da Zona Franca.

Mas, enfim, eram "só tartarugas"...

CAPÍTULO 1

NÃO SÃO SÓ TARTARUGAS: UMA PROPOSTA PARA COMBATER OS CRIMES AMBIENTAIS

Minha primeira missão noturna nunca mais saiu da minha memória e provocou em mim inúmeros questionamentos sobre as atribuições da Polícia Federal. Muito mais importante do que isso foi a faísca para a iniciativa que, alguns anos depois, tomei para elaborar e propor formalmente a criação de uma unidade especializada na repressão aos crimes cometidos contra a fauna e a flora.

Os anos como agente federal no Amazonas me apresentaram a um outro Brasil. Lá, aproveitei cada momento de um período que já sabia — enquanto o vivenciava — tratar-se de um tempo mágico, de encantamento, de aventuras e de vivências profissionais riquíssimas, e do qual eu me lembraria para o resto de minha vida. Interessantes essas raras situações em que vivemos algo que sentimos, no dia a dia, como capital para o que virá pela frente.

Voltei ao Rio de Janeiro, minha cidade natal, depois de aproximadamente três anos de trabalho na Amazônia. Minhas experiências naquele período como policial federal foram marcantes. A unidade da Polícia Federal em Manaus foi a minha porta de entrada na profissão, e o que vi naquela região marcada pela floresta me forjou como servidor público.

**

Depois de dois anos trabalhando no Rio como agente, prestei concurso para delegado de Polícia Federal. Como havia passado um ano e meio estudando ininterruptamente, acabei me classificando entre os primeiros colocados. Fui chamado para a Academia Nacional de Polícia em Brasília, me formei autoridade policial e retornei ao Rio para seguir minha carreira. Era o final do ano de 1995.

Em 1996, depois de ter atuado no Serviço de Operações da Delegacia de Polícia Marítima e de Fronteiras — minha primeira lotação como delegado —, acabei sendo transferido para a Corregedoria.

Estávamos na segunda metade da década de 1990, no Rio de Janeiro, e eu era um delegado jovem, ainda em estágio probatório. A Polícia Federal atravessara um período de dez longos anos sem realizar um único concurso para delegado. Era um momento, do qual felizmente já nos livramos, em que a corrupção entre os policiais federais era um problema sério. Nem precisamos falar mais nada sobre de que tipo de inferno eu desejava escapar naquele momento.

Talvez não seja por acaso, então, que, quando ocupava a função de Chefe da Disciplina na Corregedoria da Superintendência Regional da Polícia Federal no Rio de Janeiro, eu tenha produzido, com dedicação e esmero, o documento de 37 páginas no qual propunha a criação de uma unidade na Polícia Federal de coordenação e controle, e de suas projeções nos estados, dedicada exclusivamente à repressão aos crimes ambientais.

Da minha cadeira na gelada Corregedoria, percebi que os casos de apreensões de pequenos mamíferos (saguis), de aves e até de aranhas começavam a aumentar no Aeroporto do Galeão. Também percebi a falta de uma abordagem técnica e a ausência de aprofundamento das investigações, tanto acerca das origens daqueles delitos como de seus desdobramentos no exterior. Resolvi, então, começar a escrever uma "Proposta de Implementação ao Combate aos Crimes Contra o Meio Ambiente e a Natureza", nome redundante que dei ao documento.

O texto discorria preliminarmente sobre os milhões de dólares que o tráfico de espécies ameaçadas movimentava, sobre como a Polícia Federal poderia participar da repressão a esses delitos, o que seria muito positivo em termos de mídia, de imagem e até em captação de recursos orçamentários. O documento tecia comentários sobre os trechos da Constituição Federal que tocavam na proteção do meio ambiente e trazia breve abordagem sobre cada um dos diplomas legais penais — ambientais — existentes à época.

O texto, grosso modo, propunha a criação de núcleos especializados nas unidades descentralizadas da PF nos estados, sugerindo sua configuração, linhas operacionais e organizacionais básicas. E não deixava de elaborar a implantação de unidade central de coordenação e controle, sugerindo, inclusive, um programa básico de prioridades e objetivos a serem alcançados.

Merece especial registro que o projeto já mencionava que a repressão aos crimes de desmatamento na Amazônia poderia, inclusive, funcionar como *compliance* para as empresas brasileiras produtoras de proteínas, uma vez que a carne de gado criado em áreas desmatadas de floresta tropical já começavam a ser boicotadas nos Estados Unidos naquela época.

A proposta reforçava a ideia da abertura de uma enorme possibilidade de cooperação internacional da PF com outras polícias, principalmente com a Interpol e unidades congêneres, como o United States Fish & Wildlife Service (USFWS).

Do meio para o fim, o documento analisava o modus operandi de traficantes de espécies ameaçadas, mencionava a "lavagem" de animais silvestres retirados ilegalmente de seu habitat, a participação de pesquisadores e o tráfico de ovos. Tecia, ainda, considerações sobre a ameaça das madeireiras na região Norte, citando como exemplo a destruição que já havia ocorrido na Malásia. Não ficou de fora do documento a importância da repressão aos crimes ambientais de poluição, mormente aqueles cometidos em desfavor de mananciais e recursos hídricos, enfocando o alarme da "Guerra da Água", que já se vislumbrava para as décadas seguintes. Ao final, fornecia dados sobre o tráfico de animais, com enfoque especial no estado do Rio de Janeiro.

Quando a "proposta" estava 80% pronta, decidi que seria importante fazer uma visita de estudos a uma polícia judiciária ambiental estrangeira para aperfeiçoar e terminar o documento. Era a cereja do bolo para o projeto.

**

Liguei para um velho amigo, Richard "Rick" Ford, então chefe da equipe antiterrorista do FBI, que estava sediada em Washington D.C. Eu estava decidido a visitar o USFWS, principalmente por suas características, capacidade e missão investigativa.

Pedi ao Rick que marcasse uma visita de dois dias inteiros ao quartel-general do USFWS, que fica na pequena Arlington, estado da Virginia, e que adiantasse o assunto. Ou seja, que eu era uma autoridade policial federal buscando conhecer a estrutura e as atribuições da agência para me espelhar e, assim, poder sugerir uma proposta de criação de uma congênere brasileira no âmbito da Polícia Federal, como um de seus braços repressivos.

Rick agendou outras visitas, incluindo o World Wildlife Fund (WWF) e agências ambientais e de gerenciamento de parques nacionais, que, contudo, operavam ações de cunho predominantemente administrativo. Essas visitas emprestaram um importante colorido à minha missão de estudos.

Fiz a viagem sozinho, durante as férias que tirei no final de 1996, arcando com meus gastos. Fiquei hospedado na casa do agente Ford, com sua família. Com dois dias de viagem, no entanto, Rick teve de viajar às pressas com sua equipe para Lima, fazendo parte do grupo que estourou a embaixada do Japão, tomada por terroristas, na capital peruana, atendendo ao pedido de apoio do então presidente Fujimori. Fiquei por minha conta em Washington, sem o apoio do meu colega do FBI.

Ao regressar ao Brasil, incluí na proposta algumas importantes reflexões que a viagem ao FWS me provocou, em especial a formulação do que denominei "programa básico de prioridades" e listas de áreas e regiões que poderiam ser alvo de futuras ações de repressão.

A proposta, para se tornar mais atraente, trazia fotografias, ilustrações e imagens, instruindo e acompanhando os textos. Tudo foi confeccionado manualmente, com recortes, e a sobreposição dessas imagens às páginas foi feita por intermédio de colagem e fotocópias, inclusive os timbres e o logo da "futura unidade". Não havia — ou não tínhamos acesso — a softwares para tratamento de imagens.

Uma dessas ilustrações praticamente tornou-se símbolo da nossa causa. Era uma fotografia — quase em close — de quatro saguis-estrela segurando um distintivo dourado da Polícia Federal. Essa foto, publicada na capa do jornal *O Globo* em 1996, foi feita a partir de um flagrante de tráfico internacional de espécies silvestres, ocorrido no Aeroporto do Galeão. Um comissário de bordo da VARIG tentara levar os saguis num voo para Roma (Itália), e foi detido pela PF no aeroporto. O fotógrafo que cobriu o flagrante foi muito feliz ao clicar os micos brincando com o distintivo do agente de Polícia Federal Hudson Bizzo, que fazia parte da equipe de plantão no dia da prisão.

Justamente por causa dessa matéria, tive a convicção de que a unidade cuja implantação estava projetando iria ser objeto de muito interesse da mídia. Lembro que, na época, a Polícia Federal, ao contrário de hoje, raríssimas vezes ganhava as capas dos jornais, quanto mais o seu brasão, e ainda em uma foto colorida altamente positiva para a instituição. Recortei a foto e guardei. Posteriormente visitei a redação de *O Globo* e solicitei por escrito aquela foto, ao que fui atendido com os originais de todos os cromos das imagens tiradas naquela ocasião. Usei aquela foto, devidamente autorizado, em diversas campanhas que fizemos no futuro. Além de imprimirmos pôsteres que foram enquadrados e, posteriormente, serviram para ornamentar a sala de vários diretores da PF em Brasília.

Passei mais algumas semanas corrigindo e polindo o projeto, que foi finalmente firmado em 15 de janeiro de 1997 e encaminhado em quatro cópias para Brasília, passando pelos canais hierárquicos necessários no âmbito da minha unidade de lotação, isto é, a Corregedoria da PF no Rio de Janeiro. Fiz também, por cautela, o documento tramitar pelo canal de inteligência da PF.

Nesse período, apenas um colega colaborou comigo: meu chefe, dr. Jorge Freitas, o próprio corregedor. Ele sabia que eu estava desenvolvendo a proposta e me apoiou durante todo o tempo. Chegou a ler alguns trechos do rascunho e sempre foi extremamente positivo.

**

Da data que protocolei o projeto até o dia em que algo de concreto ocorreu como consequência das minhas sugestões, foram cerca de dois meses.

Como vários colegas da Superintendência da Polícia Federal no Rio de Janeiro tomaram conhecimento do expediente encaminhado a Brasília, eles passaram a me informar sobre os casos de tráfico de animais que ocorriam e eram comunicados à Superintendência Regional do Rio de Janeiro (SR/DPF/RJ), principalmente no Aeroporto do Galeão. Embora eu não atuasse na lavratura das formalidades dessas ocorrências, muitas vezes estive presente fazendo anotações e fotografando. Com isso, eu esperava dar início a um banco de imagens sobre *modus operandi* dos traficantes.

Eu me tornei então um especialista do tema, em caráter informal, no âmbito do Rio de Janeiro.

Uma dessas situações, e que merece especial registro, foi o caso de um cidadão alemão de nome Marc Baungarten preso embarcando com 112 aranhas para a Europa. Fui ao aeroporto na hora da detenção. Aproveitei a deixa e aprofundei uma pesquisa mais prospectiva sobre o sujeito, sob a ótica da biopiratária. O caso ganhou a mídia, por provocação nossa, muito mais em razão das imagens e da cena de dezenas de aranhas caranguejeiras enormes saindo de caixas de plástico. A repercussão foi tanta que o festejado economista Roberto Campos, desinformado, publicou um artigo em tom de ironia denominado "A aranha é nossa", criticando o delegado que lavrou o flagrante e a atuação da PF no caso.

**

Como a proposta mencionava bastante a cooperação internacional, uma das cópias foi enviada ao Escritório Central Nacional da Interpol em Brasília, o ECN IP. É imperioso que se esclareça que a Interpol no Brasil é, na realidade, uma unidade da Polícia Federal, em conformidade ao organograma da Secretaria Geral da Interpol, com sede em Lyon, França.

Em razão disso, em maio de 1997, recebi um radiograma com o convite para participar de uma reunião do Subgrupo da Interpol para Crimes contra a Vida Selvagem. O encontro seria numa reserva na África do Sul, perto do parque Kruger, em um estabelecimento privado chamado Kapama Lodge. Disse ao meu chefe que gostaria de ir. O diretor-geral respondeu que autorizava sem ônus para a Administração. Consegui uma passagem aérea por dez por cento do preço original graças ao delegado Luiz Cravo Dorea, que chefiava a nossa unidade aeroportuária. A parte terrestre, paguei do meu bolso.

Minha ida ao Kapama foi um divisor de águas para o trabalho que planejava. Uma semana inteira respirando repressão ao tráfico de espécies ameaçadas, no coração da savana africana, com os mais experientes policiais do planeta, muitos dos quais, inclusive, passariam a ser meus amigos para a vida toda.

Nomes como o israelense Bill Clark, com uma vida inteira dedicada a salvar os elefantes das garras dos caçadores de marfim; Ken Goddard, escritor e romancista de sucesso e o "número dois" do mais capacitado laboratório de perícias em vida selvagem do planeta, localizado em Oregon, a serviço do USFWS. O chefe do laboratório, o chileno nacionalizado americano Ed Espinoza, considerado uma sumidade, também estava em Kapama.

O encontro representou uma alavancada sem precedentes para o projeto. Tive contato com policiais franceses da Douane Française (órgão público de alfândega na França, ligado ao Ministério da Economia), mexicanos, quenianos, tanzanianos, australianos, chineses, indianos, japoneses, tchecos, holandeses, britânicos, italianos, alemães, noruegueses, neozelandeses, chilenos, argentinos, canadenses e norte-americanos.

O encontro foi eclético, pois tínhamos, além de funcionários aduaneiros, um membro do Ministério Público mexicano e o escocês John Sellar, diretor da Cites — a Convenção contra o Tráfico de Espécies Ameaçadas, com sede em Genebra na Suíça. Descobri, com satisfação, que existia uma verdadeira irmandade formada por policiais de todo o globo, que se dedicavam a salvar espécies ameaçadas de extinção por intermédio da repressão e da investigação policial.

Anotei com atenção cada detalhe das intervenções feitas pelos policiais estrangeiros. Tudo parecia interessar ao projeto de criação da nossa unidade especializada. Produzi um relatório de missão ilustrado com fotos e gráficos — que passariam a ser uma característica dos nossos relatórios. Dividi o relatório em títulos e alguns deles tiveram repercussão no Brasil. Um dos mais interessantes foi uma *notitia criminis* de tráfico de duas araras-azuis-de-lear que foram interceptadas pela Douane Française no Aeroporto de Roissy-Charles-de-Gaulle, em Paris. Esse caso, em especial, recebeu um relato em apartado que motivou a instauração de inquérito na SR/DPF/RJ, conduzido pelo dr. Ricardo Bechara. Era um caso bem interessante, que claramente se configurava em "lavagem de animais" por um criadouro no Chile.

Importante salientar que, assim como com dinheiro sujo, com automóveis furtados e com fugitivos da máfia, os animais silvestres são objeto de lavagem. Tudo que tem origem ilegal costuma ser "lavado", isto é, falsamente legalizado pelos criminosos. Os animais retirados ilegalmente da natureza recebem chips e documentos atestando origem em cativeiros e criadouros legais, assim como procurados pela Interpol trocam de identidade para se livrarem da polícia.

Nomeei o relatório de Caso Roissy, e, com os documentos da apreensão e do processo francês, tínhamos realmente como chegar aos responsáveis pelo crime. A partir daí, comecei a dedicar especial atenção à situação das araras-azuis-de-lear (*Anodorhynchus leari*), de uma forma geral. Começamos a perceber e a conhecer como eram visadas e como tinham seus ninhos pilhados, na região do Raso da Catarina (Caatinga do estado da Bahia), onde habitam endemicamente. Em 1997, a população de araras-azuis-de-lear não passava de 500 indivíduos. Estavam efetivamente fadadas ao mesmo triste destino da ararinha-azul (*Cyanopsitta spixii*). Naquela época, essa espécie era a grande vedete do tráfico internacional. Em Kapama me foi relatado que na Noruega houve um espécime comercializado no mercado ilegal por 120 mil dólares. Os dois espécimes apreendidos na França seriam comercializados por 70 mil dólares.

Ao longo do ano de 1997, logo após da missão em Kapama, fui chamado pelo então chefe da Interpol para ir a Brasília e montar, dentro do Escritório Central Nacional, um setor específico para cuidar de crimes ambientais. O então dirigente da nossa Interpol, o delegado Washington Melo, já tinha recebido uma cópia da minha proposta e um detalhado relatório de missão referente a viagem à África do Sul, que denominei Relatório Kapama. O DPF Washington se adiantou novamente e fez um movimento positivo, pois, enquanto a Polícia Federal não se decidia acerca do que fora proposto, ele atendia a minha sugestão e criava, em caráter informal, um setor para tratar do tema dentro da Interpol.

Como o dr. Washington sabia que Lyon valorizava essa atividade repressiva, me convidou para montar, em uma missão de pouco mais de 15 dias, um setor especializado dentro da pequena Divisão que ele chefiava.

CAPÍTULO 2

O LONGO CAMINHO PARA A CRIAÇÃO DA DMAPH

A missão no Escritório Central Nacional da Interpol em Brasília seria, segundo o dr. Washington, organizar um setor, informalmente criado, denominado Setor 3. Naquela época, a representação da Interpol era dividida em cinco setores, todos em caráter informal, e eram uma projeção do que, ao tempo, seriam os "delitos principais", assim considerados e chamados pela Secretaria Geral da Interpol em Lyon. Dessa forma, o Setor 1 cuidava de fugitivos internacionais, o Setor 2 de tráfico de crianças e pedofilia na internet, o Setor 3 era o do meio ambiente, o Setor 4 de drogas e armas e o Setor 5 cuidava de obras de arte e objetos de alto valor.

A Interpol funcionava no Setor Policial Sul e era inquilina do imóvel do notório Centro de Dados Operacionais (CDO), unidade de excelência, que praticamente era mantida e treinada com verbas da Embaixada dos Estados Unidos. O CDO dedicava-se, quase que exclusivamente, a investigações de tráfico internacional de cocaína.

O Setor 3 do ECN Interpol era operado pela agente Federal Luena Braga Rego, que se tornaria, nos anos que se seguiriam, uma das policiais mais importantes para o projeto de edificação da Divisão de Meio Ambiente e Patrimônio Histórico (DMAPH).

Durante os 18 dias que passei em missão na Interpol Brasília por volta de agosto de 1997, além de organizar o Setor 3, arquivando ali todo o material que havia trazido do USFWS e da viagem à África do Sul, desenvolvemos um projeto de captação de recursos para o Interpol Subgroup on Wildlife Crime, planejamos e executamos a Operação Papagaio, uma articulação de campo para levantamento sobre captura e tráfico de animais em conjunto com o Ibama. Também colocamos no papel cada uma das sugestões registradas no Relatório Kapama, entre elas o Caso Roissy, que dizia respeito a araras-azuis-de-lear.

A Operação Papagaio contou com servidores do Ibama e da Interpol e teve como palco a região de veredas entre os estados de Goiás, Minas Gerais e Bahia. Começava ali uma boa relação com o Ibama.

Ao final da missão, após entregar um minucioso e (como sempre) ilustrado relatório da Operação Papagaio, recebi, do próprio chefe da Interpol, proposta de remoção para assumir a subchefia do ECN Brasília. Voltei para o Rio de Janeiro determinado a aceitar o convite. Enquanto a divisão especializada não fosse criada — conforme o meu projeto inicial —, a ideia seria tocar as ações de repressão aos crimes ambientais pela Interpol mesmo.

De volta ao Rio, retomei meus afazeres no Serviço Disciplinar, mas, segui, de longe, articulando a consolidação do trabalho iniciado naquela primeira missão em Brasília.

Estava determinado também a, antes mesmo de mudar para Brasília, deixar criado um núcleo de repressão aos crimes ambientais na Delegacia de Polícia Fazendária do Rio de Janeiro. Marquei uma reunião no Ministério Público Federal (MPF), para conhecer o procurador encarregado da área ambiental naquela Procuradoria da República no Rio de Janeiro. Fui levado então à presença da dra. Anaiva Oberst Cordovil, entusiasta da repressão aos crimes ambientais.

A dra. Anaiva Oberst ficou extremamente motivada com a possibilidade da criação de uma área especializada na Polícia Federal para a repressão aos crimes ambientais no Rio de Janeiro. E, por coincidência, quando começamos a conversar, ela estava trabalhando num processo de ajustamento de condutas com a Petrobras, que havia cometido uma transgressão ambiental cuja apuração encontrava-se no Ministério Público Federal e sob responsabilidade daquela procuradora.

A dra. Anaiva, já sabedora das necessidades materiais para iniciar uma unidade especializada, destinou recursos suficientes para a aquisição de viatura, meios computacionais e mobiliário inteligente. Todo o material foi destinado à Delegacia Especial de Crimes Contra a Fazenda do Rio (DELEFAZ), com a recomendação de utilização exclusiva na repressão aos crimes ambientais. A iniciativa recebeu chancela e apoio do dr. Paulo Ornellas, então titular daquela unidade.

Quando o equipamento chegou, eu já havia deixado a superintendência carioca da Polícia Federal, e o Delegado Ricardo Bechara ficou encarregado daquele núcleo informal.

Esse processo acarretou de fato o estabelecimento, informal, da primeira "delegacia" de repressão aos crimes contra o meio ambiente da história, no Rio de Janeiro. O apoio e a confiança do Ministério Público sempre foram fundamentais para o sucesso dos nossos projetos e ações. E assim igualmente ocorreu no período em que iniciamos a fase de megaoperações em repressão aos crimes ambientais, entre os anos de 2003 e 2010. A luta contra o crime ambiental é, sem dúvida, um tema que une vigorosa e positivamente a Polícia Federal e o Ministério Público Federal.

Em novembro, ainda aguardando a mudança para Brasília, fui indicado para representar a Polícia Federal num encontro da Interpol, em Lyon. O evento reuniria policiais que trabalhavam com crimes ambientais, o Interpol Group on Environmental Crimes, que incluía o subgrupo da Vida Selvagem e o de Poluição, Lixo e Resíduos Perigosos. Foi a minha primeira viagem à Secretaria-Geral da Interpol. Fiz uma apresentação sobre tráfico de animais no Brasil, tendo sido acompanhado pela agente Luena Braga nessa missão. Durante a viagem à Lyon, a minha remoção para Brasília foi publicada.

Ao chegar em Brasília, assumi a subchefia do ECN da Interpol brasileira e, por isso, meus afazeres não se resumiram às atividades do então

Setor 3. Obviamente, apesar de cuidar de todas as áreas, focava com mais atenção e carinho os expedientes que tratavam de meio ambiente.

Importante destacar que, em 1998, 1999 e 2000, a atividade de repressão aos crimes ambientais, no âmbito da Polícia Federal, ficava a cargo da Polícia Fazendária, em razão da natureza residual de suas atribuições. A Divisão de Polícia Fazendária, órgão central de coordenação e controle, até a chegada da nossa "proposta de implementação", nunca se interessou efetivamente pelo assunto. Até então, a ação do órgão se resumia a dar apoio às ações do Ibama. A Polícia Federal, em assuntos de meio ambiente, andava a reboque da autoridade administrativa ambiental, o Ibama, apesar de invariavelmente delitos ambientais ocorrerem paralelamente às transgressões administrativas. Tínhamos, então, duas unidades informais tratando do tema crimes ambientais, o Setor 3 da Interpol e o núcleo da DELEFAZ no Rio de Janeiro, o primeiro sob minha direta supervisão e o segundo sob minha influência relativa.

Durante esses anos na Interpol, aconteceram algumas ações de relevo. Entre elas a Operação Chupinguaia, em 1998, na qual estouramos um criadouro clandestino de aves da fauna brasileira em Rondônia. Essa operação, que ganhou enorme espaço na mídia — com três minutos de matéria no Jornal Nacional —, teve um fator vital para o sucesso do nosso projeto futuro, e esse fator tinha nome e sobrenome: Wilson Damázio, então superintendente regional da Polícia Federal em Rondônia.

O dr. Damázio era um delegado extremamente ativo e operacional, especializado e focado em repressão ao tráfico de drogas, e sabia bem avaliar o sucesso do seu trabalho pela repercussão e espaço que a mídia abria em jornais e noticiários de televisão.

Quando telefonei e falei para ele que iríamos usar duas aeronaves da Polícia Federal para transportar os pássaros apreendidos, entre eles oito araras-azuis-de-lear, além de harpias e outros raros psitacídeos, ele resistiu um pouco. Afinal, aquilo não era prato comum no nosso cardápio. Depois que expliquei que devíamos atuar em relação àqueles animais com a mesma determinação que atuaríamos em relação a uma carga de cocaína, e que se tratava de tema relevante, ele colocou a unidade que comandava totalmente à nossa disposição.

Levamos, com duas das nossas aeronaves, mais de um milhão de reais em pássaros raros para o Jardim Zoológico de São Paulo, na época um importante centro de pesquisa e triagem de animais recuperados do tráfico, que precisavam ser avaliados antes de sua reintrodução na natureza. O trabalho — de forma inédita — priorizou a preocupação com o destino dos animais apreendidos. Os aviões foram liberados pelo diretor-geral Vicente Chelloti, a quem também convencemos sobre a boa repercussão que esse trabalho obteria. A Operação Chupinguaia foi objeto de uma matéria de três páginas publicada na revista norte-americana *The Police Chief*.

Esse primeiro contato com o dr. Damázio foi a semente de uma relação profissional duradoura e profícua, que iria viabilizar a própria criação da DMAPH, alguns anos depois, quando ele era diretor-executivo, o número dois da hierarquia de toda a Polícia Federal.

Nessa época, tivemos ainda mais uma importante apreensão de duas araras-azuis-de-lear em São Paulo, próximo ao Aeroporto de Guarulhos, quando estavam prestes a serem enviadas para a Europa. A informação que nos levou a essas duas raridades foi passada pela Rede Nacional de Combate ao Tráfico de Animais Silvestres (Renctas), do ambientalista Dener Giovanini.

A prisão e a apreensão foram executadas por dois experientes policiais federais de São Paulo, que fizeram carreira em delegacias de repressão a entorpecentes. Os agentes Julio Justo e Sebastião Monteiro me ligaram quando estavam próximos ao local do flagrante, perguntando como deveriam proceder com as araras. Essa atividade era muito nova e inédita para muitos policiais, principalmente para aqueles lotados em grandes metrópoles. Me lembro bem o que disse para o um dos agentes: "Julio, não são duas araras em poder dos traficantes de animais? Pois bem, imagine que você está abordando criminosos que estão levando dois quilos de cocaína! Imagine isso e proceda como de praxe!". A prisão ocorreu de forma irretocável. Considerando a raridade das araras em seu habitat natural, bem como os preços que alcançavam no mercado negro internacional de vida selvagem, esse trabalho foi um tremendo sucesso.

Em duas de nossas ações, recuperamos um total de dez araras-azuis-de-lear, indivíduos de uma espécie em extremo perigo de extinção. Naquela época, não restavam mais do que 600 espécimes na natureza.

**

Durante o período em que passei na Interpol, quase todas as vezes em que estive com o diretor-geral da Polícia Federal, seja lá ele quem fosse e sob qual circunstância, perguntava sobre a tramitação do projeto e a criação da divisão. Eu era chato e bastante insistente nesse ponto.

Percebi, durante esse tempo, que teria que agir ora como "vendedor", ora como um verdadeiro "promoter" da atividade que eu tencionava "vender". Em todas as ações que realizávamos em repressão ao tráfico de animais, nunca deixamos de produzir releases detalhados, que eram divulgados para a imprensa nacional.

Além dos releases de imprensa, comecei a redigir e oferecer (aos grandes jornais) artigos sobre as operações que desenvolvíamos. Essa era uma forma de registrar historicamente as ações desenvolvidas pela Polícia Federal. Esses artigos auxiliavam a sociedade a entender e apoiar o nosso trabalho, e eu gostava de analisar de forma mais profunda e sistêmica os esquemas criminosos que reprimíamos e, dessas análises, tirar conclusões.

Em paralelo, participei de várias atividades no exterior. Tive a oportunidade de representar a Polícia Federal em encontros do Interpol Subgroup on Wildlife Crime, em Praga, na República Checa, em Lyon, na França, e em Bergen, na Noruega. Fui escalado como instrutor da matéria Wildlife Crime em um curso de formação de oficiais da Interpol, em Montevidéu, Uruguai. Também compareci a um encontro em Genebra, na Suíça, na sede das Nações Unidas para mostrar o projeto de criação da divisão especializada. Parecia que o mundo alimentava mais interesse do que nós mesmos pela implantação da proposta.

Na minha visão, era fundamental gerar repercussão na mídia, pois o espaço que ganhávamos com nossas ações funcionava como instrumento de convencimento para os gestores da Polícia Federal investirem na atividade.

Para ajudar nessa divulgação, criamos uma palestra bastante interessante, em que focávamos o tráfico de animais como atividade criminosa organizada e que envolvia centenas de milhões de reais no mundo. Trazíamos números e imagens da Interpol, o que emprestava um verniz todo especial à apresentação, e começamos a ser convidados a palestrar em eventos da Justiça Federal e do Ministério Público Federal.

A Direção-Geral começou a incluir a minha palestra em todas as reuniões de superintendentes regionais, o que já era um sinal de sensibilidade da parte dos administradores da PF. Era igualmente uma forma de começarmos a inocular a cultura da nossa atividade, e, sobretudo, de apresentar aos gestores da Polícia Federal — aos seus 27 superintendentes regionais — uma atividade que eles teriam, mais cedo ou mais tarde, que começar a desenvolver em suas respectivas unidades.

Era interessante observar os semblantes de alguns superintendentes ao escutar conceitos de sustentabilidade, de biodiversidade e os preços que algumas espécies ameaçadas alcançavam no mercado europeu. Pareciam que estavam assistindo uma aula sobre física quântica. Nessas palestras, a Polícia Federal foi apresentada à biopirataria e ao fato do crime ambiental ser, também, uma atividade criminosa organizada, levado a efeito por quadrilhas estruturadas e especializadas.

Embora tivéssemos recebido grande apoio de delegados como Wilson Damázio, Zulmar Pimentel, Alciomar Goersch, Paulo Ornellas e Paulo Lacerda, a verdade é que as gerações mais antigas da Polícia Federal tinham muita dificuldade para absorver a repressão aos crimes ambientais como uma atividade efetivamente policial. Essa aceitação encontrava em seu caminho uma barreira que era, sobretudo, cultural.

**

No ano 2000, passados três anos da entrega da proposta, percebi que as coisas não andariam muito se continuasse conformado em trabalhar na repressão ao crime ambiental em caráter informal. Telefonei então para o dr. Damázio (já então diretor na Diretoria-Executiva, a Direx) e pedi que ele operasse a minha imediata remoção para a Divisão de Polícia Fazendária, de modo que iniciássemos, de uma vez por todas, a criação formal da unidade que eu havia proposto em 1997.

Na Coordenação-Geral de Polícia Fazendária (CGPFAZ), sob o comando do delegado Ivan Marques, ganhei uma salinha pequena, que dividia com uma antiga servidora administrativa. Essa funcionária, evangélica fervorosa, rezava em voz alta em determinados momentos do dia. Nada me incomodava, pois estava realmente determinado a montar a "divisão". Logo que cheguei, convenci Luena Braga a deixar a Interpol e vir me ajudar na Fazendária. Em seguida vieram a agente Claudia Bezerra e a escrivã da PF Cristiane Oioli, ambas também da Interpol e convidadas por mim. Junto com essa leva de excelentes policiais federais femininas veio a agente da PF Mara Fregapani, da Academia Nacional de Polícia (ANP). Estava formada a equipe que colocou a DMAPH de pé.

Mais tarde um pouco se juntou a nós a agente da PF Cecília Accioly, com formação em arquitetura, que se engajou no trato dos temas relativos aos crimes contra o patrimônio histórico. Depois tivemos a adesão da agente Ângela Mardegan, oriunda da Interpol. Esse grupo de policiais federais excepcionais e dedicadas foi fundamental para a criação da DMAPH.

Durante os primeiros meses de trabalho na Fazendária, o dr. Damázio, sempre espirituoso, despachava documentos para mim apelidando, em seus despachos manuscritos, a nossa unidade de "DAMB". Não me fiz por rogado, mandei confeccionar dois bonés com a inscrição DAMB PF e o presenteei com um deles. Esse nome DAMB foi durante anos motivo de brincadeiras e gozações, com o trocadilho preconceituoso "Delebambi". Mas o fato é que a "Delebambi" já decolava. O outro boné guardo comigo até hoje.

Cabe aqui registrar o machismo que ainda predominava naqueles tempos na Polícia Federal. O apelido "Delebambi" trazia um forte apelo homofóbico e depreciativo. Cansei de ouvir piadas de duplo sentido com o nome da nossa unidade e insinuações de que crimes ambientais não era assunto para homem e tampouco para a Polícia Federal. Algumas condutas que presenciei naqueles anos seriam hoje absolutamente inaceitáveis.

Aproveitando que passaria a trabalhar apenas na atividade de repressão aos crimes ambientais, marquei uma visita ao Congresso Nacional. Agendei uma conversa com a então senadora Marina Silva, que anos depois assumiria o Ministério do Meio Ambiente, se tornando grande parceira e incentivadora da atuação da divisão, e o então deputado federal Fernando Gabeira, congressistas engajados na causa ambiental, solicitando apoio político para a iniciativa. Fomos muito bem recebidos e, a partir desse momento, mantivemos com esses dois expoentes do ambientalismo brasileiro uma excelente relação.

No dia 13 de dezembro de 2001, finalmente, por intermédio do Decreto 4.053/01, que aprovou a nova estrutura regimental do Ministério da Justiça, a Presidência da República deu início ao processo que permitiu, no âmbito da Polícia Federal, a criação da Coordenação de Prevenção e Repressão aos Crimes contra o Meio Ambiente e Patrimônio Histórico (COMAP), subordinada à Coordenação-Geral de Polícia Fazendária (CGPFAZ), que se ocupou especificamente das atividades de prevenção e repressão aos crimes ambientais e contra o Patrimônio Histórico, cuja competência pertence à Justiça Federal. Merece registro que a DMAPH nasceu coordenação, isto é "COMAP", e só mais tarde, numa outra reestruturação da PF, é que foi rebaixada à divisão.

Menos de dois anos depois, em 3 de setembro de 2003, por intermédio da Portaria n.º 1.300/03 do Ministério da Justiça, que aprovou o novo Regimento Interno da Polícia Federal, foram criadas as 27 delegacias especializadas, as DELEMAPHs, estabelecidas em cada uma das capitais das unidades da Federação. Exatamente nessa nova configuração a COMAP fora rebaixada de coordenação para divisão e passou a se chamar DMAPH, nomenclatura que resistiu até 2021. Na realidade a unidade deveria ser ter sido, desde então, guindada à condição de coordenação-geral, pela importância estratégica que guarda.

Merece registro que a unidade de coordenação e controle, a DMAPH, foi criada no segundo Governo FHC, enquanto as delegacias especializadas, as DELEMAPHs, foram criadas no primeiro Governo Lula. Esse fato reforça a convicção de que a Polícia Federal é uma instituição do Estado brasileiro, que segue seu trilho institucional independente de partidos e de governos.

Se eu pudesse nomear os "padrinhos" para a instalação da DMAPH e das DELEMAPHs eu nomearia, sem titubear, respectivamente o dr. Wilson Damázio e dr. Zulmar Pimentel, ambos da Direx em 2001 e 2003, respectivamente. Foram dois gestores, e da geração mais antiga, que tiveram extrema sensibilidade e preocupação em engajar a Polícia Federal nos trilhos da repressão aos crimes ambientais.

A criação de todas as DELEMAPHs, no entanto, foi um longo caminho. Da data em que as 27 delegacias especializadas foram criadas formalmente até termos efetivamente 27 delegacias instaladas, com lotação de policiais exclusivos para suas atividades, correram quase dez anos.

Infelizmente alguns superintendentes na época da criação das especializadas não moveram uma palha sequer para criar suas respectivas DELEMAPHs. Passado algum tempo, descobrimos que não o fariam nunca. Muitas das superintendências na Região Norte e Nordeste foram de certa forma refratárias à imediata instalação das DELEMAPHs. A DELEMAPH de Belém (PA), por exemplo, era para ter sido criada desde o início. O estado do Pará foi, e continua sendo comido vivo, noite e dia, por criminosos ambientais. Observamos, com pesar, a letargia de dirigentes regionais da Polícia Federal naquele estado da Federação que, durante anos a fio, deixaram de implementar a representação da DMAPH em Belém.

Muito tempo depois, percebi que a repressão ao crime ambiental não era, a exemplo da repressão ao tráfico de entorpecentes, uma atividade "distrativa". Muito pelo contrário, ela não atingia apenas criminosos comuns, pessoas à margem do poder, mas empresários inescrupulosos que levavam a efeito seus negócios, desmatando, poluindo, grilando, degradando, queimando. E muitos desses empresários eram poderosos e financiavam a política local e seus respectivos governos estaduais. A má vontade em montar as delegacias especializadas tinha uma razão: a tibieza de alguns de nossos dirigentes regionais. E assim, para evitar desgastes, nem criavam as suas DELEMAPHs. As ações contra os crimes ambientais alvejavam, secundariamente, políticos, secretários de governo e até governadores, elementos "nucleares", na teoria do "crime institucionalizado", conforme os conceitos explicitados na obra *Crime.Gov — Quando corrupção e governo se misturam*, de minha autoria com o delegado Márcio Anselmo, publicado em 2019 pela Editora Objetiva.

Outro péssimo hábito de alguns superintendentes era o de lotar as DELEMAPHs com policiais sem a menor vocação para as atividades de repressão aos crimes ambientais. Sempre achei, naquele início, que era melhor e mais proveitoso termos pouca gente com bastante engajamento do que muita gente sem engajamento nenhum.

Por isso, tivemos também que pensar na formação de policiais federais na ANP. A partir da criação da DMAPH, a matéria Repressão aos Crimes Ambientais teve o seu desenvolvimento iniciado e foi inserida nas grades da formação de todas as carreiras da família Polícia Federal.

Iniciávamos do zero a construção da cultura de repressão aos crimes contra o meio ambiente e o patrimônio histórico. Podemos citar como professores históricos da nossa disciplina na ANP o agente da PF Hamilton Mendes (lotado no Piauí), o delegado da PF Ricardo Bechara e o agente da PF Carlos Eduardo Tavares da Costa.

Nesse período, ocorreu um dos mais importantes fatores que sedimentariam para sempre a Divisão: a entrada das turmas de 2001, 2003 e 2004: um grupo de mulheres e homens jovens, de uma geração que tinha, além de muito preparo intelectual, alta sensibilidade e identificação com a causa ambiental. Nessa leva vieram os primeiros chefes das DELEMAPHs, entre eles alguns que passaram a ser líderes extremamente engajados e motivados e, posteriormente, profundos estudiosos da matéria. Hoje essa geração está chegando no topo da carreira, sendo que alguns alçaram posição de gestão em importantes unidades da Polícia Federal.

Desse grupo, podemos citar Alexandre Saraiva, Franco Perazzoni, Rubem Lopes, Adriana Vasconcelos, Tatiana Torres, Luís Carlos Nóbrega, Claudia Braga, Julia Vergara, Fernanda Santos, Janderlyer Gomes, Clarissa Cassol, Bianca Rondinelli, entre vários outros. Foram eles que pilotaram as primeiras grandes operações dessa área, utilizando os diplomas legais mais modernos e quebrando paradigmas nas investigações. É esse grupo que seguiu levando a DMAPH à frente, num nível muito acima daquele que iniciamos, consolidando abordagens jurídicas na atuação da Polícia Federal como polícia judiciária, inclusive sedimentado importantes e inovadores entendimentos doutrinários.

O maciço ingresso de novos policiais na virada do milênio, promovido em todas as carreiras da Polícia Federal, iniciou, igualmente, o processo de mudança da sensibilidade média do policial federal para a questão de gênero. Este foi, sem dúvida, um dos fatores preponderantes para o sucesso obtido na repressão aos delitos ambientais. O número crescente de policiais mulheres que se juntaram às fileiras da Polícia Federal foi absolutamente decisivo para o sucesso nas ações e nas estratégias adotadas.

O meio ambiente, ao que parece, tem um apelo mais forte com as mulheres. A predominância avassaladora de homens nos quadros da Polícia Federal causava — e ainda causa — uma abordagem um tanto machista na questão da repressão aos crimes ambientais.

Esta teoria é confirmada pelos excelentes resultados obtidos pelas delegacias de repressão aos crimes ambientais nos primeiros anos de sua criação, especialmente nos estados de Santa Catarina, Minas Gerais, São Paulo, Roraima, Ceará, Pernambuco, Tocantins, Maranhão, Rio Grande do Norte e Piauí, todas titularizadas e capitaneadas por mulheres, ou melhor, por combativas, competentes e zelosas delegadas de Polícia Federal.

É fundamental ressaltar a não menos importante participação de peritas, agentes e escrivãs na área de repressão ao delito ambiental.

**

Enquanto seguíamos tentando montar as DELEMAPHs nos estados, íamos elaborando projetos com escopo de coordenação e controle para orientar, fomentar e apoiar as ações nas nossas projeções. Entre eles, desenvolvemos dois "guias práticos", um para batidas em criadouros de espécies silvestres e outro para elaboração de planejamento operacional de ações repressivas na área ambiental. Esse último foi de grande relevância não somente para a DMAPH mas, sobretudo, para a Polícia Federal como um todo. Foi o momento em que começamos a nos esmerar em todos os aspectos, inclusive no "batismo" das operações. O guia sugeria nomes originais, citações cinematográficas e literárias, anagramas, referência bíblicas etc. Naquele período, a Diretoria-Executiva (Direx), então pilotada pelo dr. Zulmar Pimentel, lançou mão de muitas das sugestões do nosso "guia prático" para as demais operações que coordenava. A elaboração desse guia coincidiu com o momento em que a PF iniciava a sua era das megaoperações.

As operações que planejávamos para a DMAPH eram invariavelmente elaboradas dentro de um mesmo padrão. Todas tinham sempre um símbolo visual e eram submetidas à Direx encadernadas e encapadas com plástico. O nome da operação era justificado por um verbete explicativo. Tudo era muito novo e visualmente atraente, principalmente para as gerações que comandavam a Polícia Federal.

Nessa época, foi inaugurado o Mapa da Delinquência Ambiental (MDA), que estabelecia a ocorrência de delitos ambientais no território brasileiro. Tal instrumento estabelecia as áreas prioritárias, funcionando como um verdadeiro roteiro a ser seguido pela Polícia Federal. Esse projeto serviria como um guia para sugerir e fomentar as nossas ações nas diferentes unidades da Federação.

Outra iniciativa importante foi o Banco de Dados da Delinquência Ambiental (DDA), que tinha o objetivo de centralizar dados sobre todos os crimes ambientais que chegassem ao conhecimento da DMAPH e de suas 27 delegacias especializadas.

Foi criada a Lista Vermelha do Tráfico Internacional de Espécies Silvestres, que obteve razoável sucesso em prol da assinalação de traficantes internacionais de animais silvestres. A Lista Vermelha nasceu da observação de que um grande número de casos de tráfico internacional de espécies silvestres (ovos, produtos, subprodutos e partes) eram protagonizados por cidadãos estrangeiros. Essa iniciativa fez parte de rol de medidas do Projeto Drake.

O Projeto Drake, iniciativa da DMAPH muito bem recepcionada pelo diretor-geral dr. Paulo Lacerda, foi lançado no Salão Negro do Ministério da Justiça, na presença de diversos ministros de Estado, entre eles Marina Silva e Marcio Thomaz Bastos. O cartunista Ziraldo emprestou seu traço para o pôster que difundiu a campanha em todo território brasileiro. O Drake visava fomentar treinamento especializado, atividades de inteligência e, principalmente, levar ao conhecimento do próprio contingente da Polícia Federal informações sobre as ameaças da biopiratari a. O Projeto Drake foi objeto de dezenas de matérias publicadas em jornais estrangeiros e registrado por documentários de televisão na Noruega e na Alemanha. Ainda hoje ainda vemos os cartazes do Projeto Drake em diversos aeroportos brasileiros.

Um caso importantíssimo, que marcou o Projeto Drake, foi a primeira prisão de um biopirata na história policial brasileira. Uma equipe mista de policiais de várias DELEMAPHs (Pernambuco, Distrito Federal e Goiás), coordenada pela DMAPH, detectou a presença no Brasil, seguiu, coletou provas e deteve Carsten Herman Roloff, um alemão que capturava aranhas venenosas brasileiras e as levava para comercializar em laboratórios na Suíça. A operação foi um sucesso, provocou a abertura de uma Comissão Parlamentar de Inquérito (CPI) na Câmara dos Deputados e iniciou uma grande discussão nacional sobre a questão da biopiratatia, que será assunto do capítulo 4.

Outro produto muito interessante da DMAPH, mas que infelizmente não andou, foi o Gabinete de Crise Ambiental. Elaborado e motivado a partir da crise de poluição fluvial de Cataguases (MG), previa a formação de um grupo misto (de policiais federais da DMAPH, da unidade de inteligência – DIP, da unidade de apoio aéreo – CAOP, do Instituto de Criminalística – INC etc.) e com capacidade de dar respostas rápidas em casos de acidentes ambientais de repercussão na esfera penal. Esse grupo seria convocado apenas em casos de emergência, e havia previsão de espaço para participantes convidados de outras instituições. Foi elaborado um minucioso protocolo que previa a sua provocação e atuação. O guia foi submetido à Direx, que determinou a sua ampliação além da missão da DMAPH, o que fugia das nossas atribuições.

Outra iniciativa foi a Operação Rosa dos Ventos, realizada por todas as DELEMAPHs, de Norte a Sul e de Leste a Oeste do Brasil, sempre na semana do Meio Ambiente, por volta do dia 5 de junho. Tinha como objetivo principal tirar algumas delegacias da inércia. Cada estado tinha três ou quatro meses para planejar e executar sua atuação, variando sempre o tipo de crime que incidia na respectiva unidade da Federação. Invariavelmente, essas ações ganhavam as páginas dos jornais, que já destinavam espaço para celebração do Dia do Meio Ambiente. Era uma forma de aproveitar a data e chamar atenção para o trabalho que vinha sendo realizado.

Em 16 de novembro de 2004, entrou em funcionamento o Centro de Integração e Aperfeiçoamento de Polícia Ambiental (Ciapa), que nasceu com a missão de servir como centro formador de excelência para a área de repressão ao crime ambiental. A inauguração do Ciapa, com a presença de todos os superintendentes regionais, coordenadores-gerais e diretores, além da ministra do Meio Ambiente e do ministro da Justiça, foi um claro sinal de que a administração da Polícia Federal finalmente comprara a ideia. A DMAPH e a repressão ao crime ambiental se tornaram temas importantes da agenda da PF naquele final de 2004. O Dr. Paulo Lacerda definitivamente passara a ser um entusiasta e importante apoiador das nossas atividades.

A inauguração do Ciapa coincidiu com o lançamento do livro comemorativo *60 Anos de História da Polícia Federal*, tendo sido destinado à DMAPH (que tinha apenas três anos de existência na época), 14 páginas de destaque na versão final da obra.

Nessa época, foram realizados os dois primeiros encontros de chefes de DELEMAPHs. Graças a generosidade do dr. Getulio Bezerra, diretor de repressão ao crime organizado, que financiou os encontros com verba da Delegacia de Repressão a Entorpecentes (DRE), que à época era administrada por ele. Trouxemos, em ambas as oportunidades, a equipe de treinamento do USFWS. O primeiro foi em Brasília e o segundo em Bonito (MS). Foram encontros históricos, pois conseguimos trazer pela primeira vez os 27 chefes de delegacias especializadas.

Nesses dois treinamentos, por ideia e iniciativa da agente Angela Mardegan, foi convidado (como "aluno") o analista ambiental do IBAMA Roberto Cabral, que mais à frente se tornou um dos grandes nomes daquele instituto.

Abordaremos mais adiante esses eventos, que também ajudaram a catalisar alguns processos importantes e saltos qualitativos no trabalho desenvolvido pela PF, inclusive em termos de alcance extraterritorial da nossa legislação e da cooperação com aparelhos policiais estrangeiros.

**

Sempre acreditei que, em um planeta cada vez mais superpovoado e, por conseguinte, cada vez mais (desordenadamente) explorado, nada mais premente do que preservar a natureza. A batalha contra a extinção da vida animal se caracteriza, sobretudo, pela urgência. Vivemos uma cruel e avassaladora contagem regressiva para a extinção de milhares de espécies de animais, e cada espécie desaparecida estará perdida para sempre.

Estaríamos, ao não reagir à altura aos crimes ambientais, nos omitindo no perecimento do que há de mais característico, caro e singular no nosso planeta, as florestas, cerrados, savanas, enfim, os habitats, e com eles a sua intrincada e riquíssima diversidade de vida. E o Brasil é o país mais megadiverso entre todos os países campeões em biodiversidade.

Por isso a missão da DMAPH talvez seja a mais importante das atribuições da Polícia Federal, pois ela encerra um interesse global que transcende aos interesses regionais e mesmo nacionais.

CAPÍTULO 3

A ERA DAS MEGAOPERAÇÕES E A OPERAÇÃO PINDORAMA

Os anos que se seguiram à criação da DMAPH e das delegacias foram marcados por dezenas de bem-sucedidas operações policiais. Esse período coincidiu com o nascimento da era das megaoperações da Polícia Federal, das quais participamos ativamente, influenciando inclusive a forma como eram desenvolvidas as ações repressivas e a própria evolução desse conceito.

A Polícia Federal iniciou um processo de amadurecimento institucional em meados da década de 1990. Um dos fatores que concorreram para esse processo foi a Constituição de 1988. Depois de longos dez anos sem a realização de nenhum concurso público para delegados de Polícia Federal, foi realizada uma seleção em 1993, que formou turmas bastante numerosas nos anos de 1995 e 1996. A bem da verdade, foi a primeira leva de autoridades policiais diplomadas no período pós-redemocratização do país. Esse grupo de delegados foi importante no início dessas transformações, pois, pertencendo a uma geração relativamente mais nova, e já forjados sob a égide de uma nova ordem jurídico-fundamental do Estado e da sociedade brasileira, assumiu uma lacuna deixada pela escassez de uma década sem cursos de formação.

O equilíbrio da economia com o Plano Real, a paridade da moeda com o dólar norte-americano e algumas melhorias salariais em sequência viabilizaram o aumento considerável da inserção e participação de policiais federais — em especial delegados e peritos — em cursos e estágios de aperfeiçoamento com polícias dos Estados Unidos e Europa. Essas experiências internacionais, em países em que a impunidade ocorre em níveis bastante modestos e as instituições têm força e perenidade sedimentadas, mostraram-se relevantes para expandir a visão dos futuros gestores e investigadores da PF.

Por conta de melhorias salariais, houve um sensível aumento do interesse de estratos mais elevados da classe média pelos concursos da Polícia Federal, dando início a uma mudança no perfil dos alunos que ingressavam nos cursos de formação na Academia Nacional de Polícia (ANP). Começava a ser observado um acréscimo considerável no fluxo de mulheres e de concursados de nível socioeconômico acima da média até então registrada na instituição.

Ao mesmo tempo, iniciou-se uma lenta, mas constante, evolução do ordenamento jurídico processual penal, que passou a contemplar a polícia judiciária da União — a Polícia Federal — com diplomas legais que aos poucos viabilizavam um alcance maior das estruturas criminosas organizadas. Entre essas leis podemos citar, apenas como exemplo, a Lei n.º 9.296, de 24 de julho de 1996, que regulamenta a interceptação de comunicações telefônicas de qualquer natureza para prova em investigação criminal e em instrução processual penal.

Muito certamente, como consequência dessas mudanças e avanços, começaram a ser desenvolvidos, com conceitos ditados pela própria Polícia Federal, mais precisamente no âmbito das investigações de quadrilhas que se dedicavam ao tráfico de drogas, sistemas computacionais com tecnologias capazes de administrar a interceptação telefônica de múltiplos canais, viabilizando o monitoramento de organizações criminosas inteiras. Era o advento tecnológico do "Sistema Guardião" — e outros assemelhados —, cuja capacidade de atingir inúmeros alvos e armazenar e organizar os respectivos áudios foi instrumental para o sucesso de fases operacionais que viriam a seguir.

Mais adiante, já na virada do milênio, por conta da ascensão ao comando da instituição de um grupo de delegados de classe especial, que havia desenvolvido em suas carreiras diversas experiências duradouras e bem-sucedidas em funções de corregedoria e assuntos internos, a Polícia Federal iniciou uma sequência de investigações que alvejavam esquemas criminosos graves, e que contavam com a participação e autoria de policiais federais. Essas ações foram vitais para uma profunda depuração do órgão e para sinalizar a todo o seu contingente que os desvios internos seriam punidos com mais severidade.

Exatamente nesse mesmo período, por conta de um aumento de demanda de operações repressivas, começaram a ser aperfeiçoadas, de forma centralizada na ANP e com supervisão direta da Diretoria-Executiva, os manuais de planejamento operacional da Polícia Federal. Novos conceitos passaram a ser empregados, como a utilização de aeronaves da Força Aérea Brasileira (FAB), a participação de grandes contingentes de policiais de diversas unidades da Federação, de aquartelamento com compartimentação cerrada, de engajamento de peritos nas equipes de busca e da gestão da localização dos alvos nas horas derradeiras que antecedem a deflagração. A inovação mais relevante, no entanto, foi a divisão de tarefas entre a autoridade encarregada da instrução do inquérito (oitivas dos alvos detidos) e a autoridade encarregada tão somente da logística da própria operação repressiva. O planejamento operacional deixou de ser uma matéria restrita aos cursos de formação e passou a ser ministrado regularmente para delegados em início e meio de carreira como aperfeiçoamento e treinamento.

A revisão desses manuais representou um salto na capacidade operacional da instituição por conta de inovações que capacitaram a Polícia Federal a montar uma agenda de ações repressivas de grande porte, separadas por pequenos intervalos. Essas ações passaram a ocorrer em diversos estados e com realização concomitante de dezenas de buscas e prisões, em suporte aos seus inquéritos mais promissores e do ponto de vista da dimensão de seus alvos.

Além disso, nos primeiros anos da década de 2000, a Polícia Federal realizou concursos públicos em sequência, trazendo para as suas fileiras um contingente de agentes e delegados de uma geração mais familiarizada com o mundo digital. Tratava-se de uma geração que já não observava, de maneira geral, o tráfico de drogas como o único crime a ser combatido pela instituição e tampouco se sentiam intimidados a iniciar investigações contra alvos politicamente poderosos.

Estavam assim reunidos os ingredientes básicos que deram origem ao período que ficou conhecido como fase das megaoperações da Polícia Federal.

No dia 11 de maio de 2004, a repressão à delinquência ambiental fez sua estreia na agenda das megaoperações realizadas pela Polícia Federal. Por intermédio da DMAPH, a Polícia Federal deflagrou a denominada Operação Pindorama, que apreendeu mais de 5 mil peças produzidas com partes de espécimes da fauna silvestre brasileira, prendendo temporariamente 11 pessoas ligadas ao contrabando desses itens.

Foi a primeira operação nascida e criada 100% no âmbito da nossa DMAPH.

Mas a história dessa megaoperação começou no ano anterior com uma pena azul sobre a mesa.

**

Em 2003, durante uma viagem em que visitei, na companhia do então presidente do Ibama Hamilton Casara, a sede do USFWS, tomei conhecimento, quase que por acaso, de uma situação que acabou por dar origem a uma das mais controversas e emblemáticas ações da nossa divisão. Na realidade, essa intervenção da Polícia Federal causou enorme celeuma e profundas discussões sobre questões ambientais e indígenas, e suas complexas interfaces.

Estávamos indo em direção ao gabinete do diretor-geral e andávamos pelas dependências da instituição, caminhando por entre as baias dos agentes especiais, investigadores do USFWS, quando me chamou a atenção sobre a mesa de trabalho de um dos policiais uma enorme pena de arara-azul. Naquele momento, o policial não estava no local. Dei uma meia-trava, retomei três passos e me detive; estava claro ser uma pena de cauda de uma arara-azul-grande (*Anodorhynchus hyacinthinus*), muito comum nos biomas da Floresta Amazônica, Pantanal Mato-Grossense e Cerrado.

O supervisor daquele grupo de agentes, que nos ciceroneava, de imediato confirmou que era e que se tratava de um caso que envolvia a avifauna brasileira. Disse ainda que aquela área de trabalho era ocupada pelo agente especial Daniel – Dan – Leclerc e que ele estava a cargo de uma complexa investigação que tinha o Brasil como origem. Na mesma hora, curioso e como que farejando uma boa oportunidade de cooperação, sugeri uma conversa reservada com o agente Leclerc. Seguimos a nossa visita pela sede do USFWS e ficou prometido que, assim que Dan Leclerc voltasse a sua estação de trabalho, seria levado a minha presença para conversarmos sobre aquela pena de arara-azul.

Na conversa com Dan Leclerc, que fluiu bem desde o início, ele me explicou que sua investigação estava bastante adiantada, que tinha pedido quebras de sigilo e interceptações telefônicas, além de afastamento de sigilo bancário de um grupo de indivíduos baseado nos Estados Unidos, e já havia reunido inúmeras e robustas provas contra todos. Me disse que não poderia me passar documentos sobre o caso em razão de ser uma investigação em andamento, com sigilos judiciais decretados, bem como por estar sendo acompanhada passo a passo por um promotor federal. Me adiantou ainda que se tratava de uma investigação grande de contrabando de fauna brasileira, de partes de animais silvestres (ossos, presas, garras, plumagem etc.), na verdade, para os Estados Unidos, e que o esquema era capitaneado por um tcheco naturalizado norte-americano chamado Milan Hrabovsky, além de um grupo de pessoas que agia no Brasil.

Dan me passou alguns documentos — em caráter informal — os quais já demonstravam, com evidências irrefutáveis, que o esquema no Brasil era pilotado por servidores públicos. Leclerc, apesar de ter demonstrado desde o início confiar em mim, pediu repetidas vezes para que nós não iniciássemos absolutamente nada no Brasil antes do caso ser concluído por ele nos Estados Unidos. Como eu já havia trabalhado inúmeras vezes em cooperação com polícias de outros países, tranquilizei-o, garantindo que não moveria uma palha para não atrapalhar o desfecho do seu caso e que só iniciaria quando ele me desse o sinal. Disse, ainda, que esperaria o envio oficial de toda a documentação sobre a conexão brasileira da quadrilha antes de fazer qualquer coisa.

Um dos maiores empecilhos para a obtenção de uma boa cooperação internacional entre polícias é a harmonia no *timing* entre os processos em curso em mais de uma nação. Muitas vezes, uma polícia tem de dividir e compartilhar com congêneres informações sobre crimes em andamento em outros países, e essas outras instituições devem apenas acompanhar, sem interferir no curso dos acontecimentos, ou aguardando o tempo certo, para que se possa conseguir objetivos mais amplos, com o conhecimento mais profundo e global sobre esquemas, pessoas, conexões, cúmplices e partícipes das ações criminosas investigadas. Nessas horas, a confiança entre agentes e agências faz a diferença. Muitos policiais não têm paciência nem cultura institucional para aguardar e, muitas vezes, deflagram ações prematuramente por sede de glória ou egoísmo imediatista, sem perceber que poderiam ser muito mais eficazes, atingindo mais ampla e sistemicamente as organizações criminosas. Eu soube muito bem entender a necessidade de aguardar um pouco. E valeu a pena, pois, passados alguns meses, acabei recebendo duas enormes caixas de documentos com pistas e provas importantes, que terminaram por me facilitar bastante a instauração de um inquérito no Brasil. Estava dado o sinal para iniciarmos um desdobramento daquele caso por aqui.

Com farto material sobre um esquema criminoso de apanha, abate e contrabando de animais silvestres, com o objetivo de alimentar um comércio milionário de artefatos indígenas e que contava com a utilização de servidores públicos federais, traçamos uma estratégia simples, mas eficaz, para confirmar o cometimento dos delitos em nosso território, sem precisar recorrer a interceptação telefônica e quebra de sigilo.

Instaurei o inquérito, sem demora, por portaria e, apesar de ser o chefe da divisão, tendo afazeres de gestão, coordenação e controle, solicitei ao diretor-executivo da PF a autorização para eu mesmo conduzir aquela investigação, ao que fui prontamente atendido.

Na primeira investida do inquérito, resolvemos utilizar a velha e boa incursão policial, enviando agentes federais para campo em Belém, Altamira, no Pará, e Macapá, no Amapá, com a missão, de forma encoberta, de confirmar se aquelas pessoas, lojas e unidades da Fundação Nacional do Índio (Funai) ainda estavam recebendo e aceitando "encomendas". Usamos duas duplas de agentes, que lançaram mão do expediente conhecido como "história cobertura" para abordar os alvos do inquérito.

As primeiras que saíram em missão foram a agente Mara Fregapani e a escrivã Cristiane Oioli, duas experientes e preparadas policiais federais que me acompanhavam há anos como parte do núcleo central da nossa divisão. Bem jovens, uma ruiva de olhos verdes e a outra loura de olhos azuis, faziam o perfeito tipo "turistas", o que era ideal para não levantar suspeitas. Ensaiamos bem qual seria a história cobertura. Mara e Cris fizeram um trabalho primoroso, produzindo um relatório detalhado — com fotos dos locais, das pessoas e das partes de animais sendo oferecidas. As duas "turistas" praticamente confirmaram tudo e mais um pouco do que Dan Leclerc havia levantado na investigação original. Só faltou comprarem as partes de animais, pois até isso foi a elas oferecido pelos nossos alvos.

Quando Mara e Cristiane retornaram desse trabalho, acabaram saindo da divisão, removidas para outras unidades. Lamentei muito a perda das duas policiais. Depois de sucessivas reclamações, recebi dois policiais em substituição: Augusto Abreu e Álvaro Victor.

Álvaro e Abreu foram duas gratas surpresas. Ambos bons investigadores e muito bem-preparados, se integraram perfeitamente à divisão. Aproveitei o entusiasmo com que chegaram e os engajei na segunda etapa dos levantamentos do inquérito. Os dois cobriram uma região mais ao noroeste, que incluía Mato Grosso, Acre e Rondônia, confirmando a permanência da conduta criminosa de inúmeras pessoas, da mesma forma que Mara e Cristiane tinham feito.

A ação criminosa de abate de animais silvestres para a comercialização de artefatos indígenas de fato continuava. Era a hora de traçar a estratégia para desencadearmos a operação repressiva em nosso país, alvejando os que faziam parte do braço brasileiro do esquema.

Sentei com o todo o material produzido nas duas investidas de campo e produzi uma argumentação de, aproximadamente, 35 páginas, pedindo buscas e prisões temporárias contra os 11 principais alvos daquele inquérito.

No dia 11 de maio de 2004, por fim, a Divisão de Repressão aos Crimes Ambientais deflagrou a denominada Operação Pindorama. Os estados de Rondônia, Amazonas, Pará, Mato Grosso, Bahia, São Paulo, Roraima, Acre, Goiás e o Distrito Federal foram o palco de uma ação fulminante de mais de 120 agentes que, inclusive, utilizaram os recursos aeronáuticos da Polícia Federal para transportar com celeridade e segurança os detidos e o material apreendido para Brasília, onde foram centralizadas as investigações.

A Operação Pindorama foi planejada e executada em cumprimento a ordens judiciais emanadas da 10ª Vara Federal de Brasília e em apoio ao inquérito policial, instaurado com a missão de assinalar a autoria e a materialidade de delitos cometidos por um grupo de brasileiros que vinha promovendo, nos últimos oito anos e em larga escala, contrabando de partes de animais da fauna silvestre brasileira. O grupo atuava sob a fachada de comércio de artesanato indígena e, inclusive, contava com servidores públicos ligados à Artíndia, rede de lojas estabelecidas sob a égide da Funai, bem como outras lojas que, em caráter privado, se dedicavam a esse comércio.

A atividade criminosa centralizava-se em Milan Hrabovsky, que, dos Estados Unidos, encomendava, via fax, artefatos indígenas produzidos com plumas, garras, presas e ossos de animais silvestres brasileiros. Hrabovsky, no entanto, não encomendava apenas artefatos indígenas lavrados com a técnica e a cultura dos silvícolas brasileiros, mas também garras, presas, ossos e plumagem de forma avulsa, material que não agrega qualquer arte ou trabalho tradicional. Um número considerável de pessoas, muitas das quais de alguma forma relacionadas à Funai e à Artíndia, recebiam os pedidos, encomendavam a terceiros os itens solicitados e os enviavam aos Estados Unidos ou à República Tcheca utilizando o serviço SEDEX do correio brasileiro. O que se promovia, por encomenda, era uma verdadeira e escancarada chacina de inúmeras espécies da fauna silvestre brasileira, muitas em listas de animais em risco de extinção.

Hrabovsky, o idealizador do esquema criminoso, recebia no exterior os itens por ele encomendados e comandava depósitos em dinheiro — por transferência eletrônica do tipo wire transfer — nas contas bancárias de seus colaboradores no Brasil, em bancos brasileiros.

Havia, nas ações da organização criminosa desmanteladas pela operação, não apenas o alcance nacional, uma vez que envolvia várias unidades da Federação, mas também o caráter de transnacionalidade, pois é certo que existiam conexões em pelo menos três países distintos (Brasil, Estados Unidos e República Tcheca).

Cópias dos principais documentos arrecadados nas buscas realizadas pela polícia dos Estados Unidos — devidamente autorizadas pela Justiça — foram encaminhadas ao Departamento de Polícia Federal, assim como fotografias dos itens apreendidos e dos pacotes despachados do Brasil, consubstanciando-se na notícia-crime que motivou a própria instauração do inquérito policial.

Entre esses papéis estavam mensagens de fax e e-mail trocadas entre Milan Hrabovsky e seus colaboradores no Brasil, bem como as próprias ordens de transferências bancárias, com números de contas, telefones, endereços e, ainda, as encomendas comandadas dos Estados Unidos, material no qual se observa a enorme gama de espécies procuradas por aqueles criminosos.

**

Além da Lei Penal vigente no Brasil, a conduta da quadrilha feriu frontalmente os ditames estabelecidos pela Convenção sobre o Comércio Internacional de Espécies da Fauna e da Flora Ameaçadas de Extinção (CITES), assinada em Washington em 3 de março de 1973, que entrou em vigor em 1º de julho de 1975 — mesmo ano em que o Brasil aderiu ao acordo, pelo Decreto 76.623.

Os 164 países membros da CITES são obrigados a respeitar as decisões da Convenção, cujo objetivo principal é o de assegurar a cooperação entre os países, de forma que o comércio internacional de animais e plantas selvagens não ponha em risco sobrevivência dessas espécies. A CITES protege atualmente mais de 30 mil espécies, todas elas raras e ameaçadas de extinção ou cujos níveis de comércio internacional possam comprometer a sobrevivência desses animais e plantas.

O que ficou claramente evidenciado nesse caso foi a atuação de um grupo de contrabandistas que provocou a captura e abate de milhares de animais silvestres — sob o falso manto da produção artesanal indígena — para alimentar um ávido mercado internacional estabelecido no eixo Estados Unidos—Europa.

Houve, ainda, a covarde cooptação e exploração de indígenas, os quais, muito certamente iludidos pela possibilidade do lucro fácil, entregavam suas riquezas naturais, emprestando-se, sem a consciência total sobre seus atos, como fornecedores primários de uma matéria-prima que, após a perniciosa e criminosa intermediação de comerciantes, chegava ao mercado final atingindo preços exorbitantes. A cadeia de lucros astronômicos certamente não envolvia os indígenas, que acabavam recebendo migalhas em troca da venda de sua caríssima biodiversidade. O inquérito correspondente colheu declarações de um respeitado cacique, o qual asseverou que os indígenas, em regra, abatem animais silvestres motivados pela voracidade do comércio de artefatos tradicionais.

Ao constatar que Hrabovsky também encomendava miçangas, fios e sementes, concluímos que, na realidade, era ele próprio quem fabricava os artefatos "indígenas". Houve, então, contrabando de insumos – partes de animais – para a montagem de falsos objetos indígenas, além do contrabando dos artefatos, como cocares, feitos com penas de araras, harpias e outras espécies da avifauna brasileira.

Um fato surpreendente foi a destemida utilização de uma instituição pública federal, por parte de um grupo de servidores, para promover o contrabando de centenas de produtos confeccionados com partes de animais silvestres ameaçados de extinção e com o objetivo puramente comercial de pessoas residentes no exterior.

A deflagração da Operação Pindorama tornou-se relevante, especialmente em razão do aporte financeiro envolvido, da participação de servidores públicos na esteira das transgressões, da repercussão internacional, da exploração do trabalho indígena, da utilização dos serviços de correio e das espécies raríssimas alvejadas pela organização criminosa, entre outros aspectos.

As investigações evidenciaram a existência de uma lacuna e um vazio normativo que acabou permitindo de fato, mas não de direito, um comércio eivado de ilegalidade desde seu nascedouro. Houve um verdadeiro "deixa que eu deixo", expressão popular que definia perfeitamente aquela questão. A discussão sobre normas conflitantes na esfera puramente administrativa poderia até justificar a inércia do poder público em regulamentar de vez tal situação. Contudo, quando as condutas transgressoras alcançam e se adequam a diversos e gravíssimos tipos previstos na Lei Penal, causando prejuízos a bens ou interesses da União, se torna necessária a tomada de ações enérgicas, neste caso por parte da Polícia Federal, na condição de Polícia Judiciária da União.

Em tese, seria permitida aos indígenas brasileiros a produção de artefatos e artesanato a partir de restos e partes dos animais que abatem em seu dia a dia na selva. A venda de artesanato, a princípio, era permitida, mas se fazia vista grossa para o fato de como aqueles animais eram abatidos. O comércio interno de tais artefatos, mesmo levado a efeito pela rede de lojas da Artíndia, não seria legal, pois estaria ferindo frontalmente o estabelecido no Art. 29 da Lei n.º 9.605/98, que prevê o abate de animais silvestres como crime, assim como a exportação. Essa "vista grossa", que observamos na época da investigação, acabou por transformar esse comércio numa frenética linha de produção de artesanato, numa matança desenfreada que, por sua vez, alimentava um voraz e lucrativo esquema de contrabando internacional.

Cada um dos brasileiros detectados pelas investigações interagiu e participou de tal grupo em módulos estanques. Mesmo que "departamentalizadamente", eles foram parte ativa do esquema, ora intermediando a aquisição dos produtos com indígenas, ora embalando e despachando os produtos, conforme a estrita orientação de Milan Hrabovsky.

Após as divulgações na mídia da Operação Pindorama, a Funai, com muita propriedade, determinou a imediata suspensão das vendas do artesanato indígena produzido com partes de animais silvestres.

Essa operação nos colocou de fato diante de um dilema que tratava de dois pontos de extrema importância: a proteção dos hábitos culturais dos povos indígenas e da nossa biodiversidade. Mas é certo que a questão ambiental poderá prevalecer; até porque os dois problemas são totalmente interligados, e a proteção da biodiversidade atua em favor das nossas populações indígenas.

Não há dúvida que, aos indígenas, sempre lhes será concedido o direito de abater animais silvestres para deles extraírem sua alimentação e vestimentas e também adornos para seus rituais. Entretanto, o comércio — ilegal — de artesanato indígena produzido com partes de animais da fauna silvestre é algo a ser banido. Já é tempo de deixar os cocares de plumas de araras-azuis apenas para os museus de cultura indígena. Os recursos faunísticos são finitos e a biodiversidade está em queda vertiginosa, e tais premissas já seriam o suficiente para pensarmos dessa forma.

**

No início de 2005, uma equipe da Polícia Federal viajou aos Estados Unidos para obter uma visão completa do esquema criminoso de Milan Hrabovsky. Eu tinha elaborado um pedido de diligências internacionais via Mutual Legal Assistance Treaty (MLAT) que é o acordo de cooperação em matéria penal firmado bilateralmente com os Estados Unidos.

Produzi o texto em português e inglês, respeitando todo o detalhamento exigido para sua boa execução. Aproveitei e requeri tanto a apreensão — e reenvio ao Brasil — de todas as peças indígenas que foram exportadas ilegalmente, como também as oitivas dos suspeitos e envolvidos no esquema, incluindo o próprio Hrabovsky, que cumpria pena de reclusão em penitenciária federal norte-americana.

Ao grupo da Polícia Federal, juntou-se o engajado deputado federal Mendes Thame, que defendia ativamente a questão ambiental, e perante o qual eu já havia prestado depoimento sobre as atividades da DMAPH na Câmara. Como a Pindorama havia repercutido no Congresso, o deputado solicitou participar da missão, ao que foi prontamente atendido. Foi muito bom termos ao nosso lado um representante do povo testemunhando o nível do trabalho que já desenvolvíamos na PF. Viajou conosco um servidor da Funai, que era parte legitimamente interessada no desenrolar da missão tendo em vista a prisão de alguns de seus servidores na ação de 2004.

A primeira escala da missão foi em Sandusky (Ohio, Estados Unidos), onde Hrabovsky cumpria pena. Ouvimos a todos e seguimos de avião para Gainesville, no estado da Flórida, onde tomamos depoimentos de algumas pessoas que haviam comprado grandes quantidades de arte plumária no esquema de Hrabovsky. Uma dessas pessoas, uma mulher, acabou confessando que mantinha uma grande coleção em casa, no bairro de Campo Grande, na Zona Oeste do Rio de Janeiro. Foi um depoimento difícil. Tivemos que, de certa forma, alertá-la, sutilmente, para o perigo de ser indiciada no nosso inquérito e acabar respondendo por crimes no Brasil, entre eles a modalidade de recepção culposa. Era uma mulher ainda jovem e que vivia nos Estados Unidos, dedicando-se a intermediar a venda de arte plumária. É interessante percebermos, neste ponto, como a cooperação internacional viabiliza ao braço da lei alcançar pessoas que se acham, pela distância, inalcançáveis.

Essa mulher ensaiou, a princípio, não nos dizer onde a coleção de arte plumária estava escondida. Depois, tentou nos passar um endereço aparentemente errado. Seguimos apertando um pouco e, durante o depoimento, conseguimos finalmente extrair dados minimamente confiáveis, cuja veracidade nos foi confirmada, em tempo real, por uma equipe da PF do Rio de Janeiro que diligenciava *in loco* ao mesmo tempo em que acontecia a oitiva. Instrumentos como o MLAT são importantíssimos. Ao longo do depoimento, eu a alertava que poderia, durante o ato, formalizar o seu indiciamento. Quando uma cidadã brasileira poderia imaginar que seria emparedada por agentes da lei brasileiros, em solo dos estados Unidos, por malfeitos cometidos no Brasil? Aqui vai um viva à globalização e à cooperação entre as agências policiais!

Voltamos ao Brasil satisfeitos com a missão. O delegado Paulo de Tarso engajou-se no apoio antes mesmo de aterrissarmos em Brasília e viajou para o Rio, empreendendo uma diligência em Campo Grande, onde cumpriu, com a delegada Danielle Ishida, da DELEMAPH carioca, uma busca e apreensão na coleção de arte plumária. As buscas foram realizadas com rapidez, pois o material poderia ser retirado do endereço para frustrar a nossa ação.

Quando saí da DMAPH, Paulo de Tarso encaminhou o inquérito da Operação Pindorama para ser registrado e conduzido pela DELEMAPH da Superintendência Regional da Polícia Federal no Distrito Federal. Restavam ainda algumas medidas relevantes, além da própria elaboração do relatório final. O inquérito foi distribuído ao delegado Serra Azul e, posteriormente, destinado à delegada Fernanda Santos, que fez um trabalho exemplar, inclusive com a elaboração de um primoroso relatório final. Durante muitos anos, fui chamado diversas vezes como testemunha da acusação no curso do processo penal originado pela Pindorama. Na última delas, fui ouvido no Rio, em Carta Precatória, inclusive já aposentado.

Quando estava escrevendo este texto, nos primeiros dias de novembro de 2021, recebi uma mensagem de uma colega dos tempos de DMAPH que já conhecia o projeto deste livro. A mensagem, por uma coincidência incrível, trazia a notícia de que o Memorial dos Povos Indígenas (MPI), que pertence ao governo do Distrito Federal, em Brasília, estava recebendo — no dia 3 de novembro de 2021 — mais de 8 mil artefatos de diferentes nações indígenas, apreendidos pela Polícia Federal na Operação Pindorama.

A matéria informava que a doação teria sido autorizada pelo Ministério Público Federal, e que o Memorial dos Povos Indígenas, por conta do aporte desse acervo de arte plumária, tornava-se detentor da segunda maior coleção de objetos dos povos originários do Brasil, atrás somente do Museu do Índio, localizado no Rio de Janeiro e administrado pela própria Funai.

Conforme comentários atribuídos a coordenadores da Subsecretaria do Patrimônio Cultural (Supac) do Distrito Federal, há milhares de objetos raríssimos no material, que reúne trabalhos de diversos povos originários, como pentes confeccionados pelos karajás e cocares feitos pelos kayapós, além de adereços corporais raros e objetos com penas de animais em risco de extinção.

Apesar do tempo, as peças estavam muito bem-conservadas, pois foram acondicionadas — na época das apreensões — em caixas de isopor lacradas, e, assim, não sofreram com a ação do sol e poeira. Segundo as palavras do coordenador da Supac, Felipe Ramón, o valor monetário desse acervo seria incalculável, mas o valor cultural, artístico e histórico é ainda maior.

CAPÍTULO 4

BIOPIRATARIA E A OPERAÇÃO EFEITO ROLOFF

Muito tem sido escrito e falado acerca do fenômeno que se convencionou denominar biopirataria, mas pouco se sabe sobre o que realmente se esconde por detrás dessa modalidade criminosa.

Observamos, com certa constância, a divulgação de notícias sobre cidadãos alemães, suíços, norte-americanos ou japoneses sendo detidos em aeroportos brasileiros, tentando embarcar com sapinhos, aranhas, plantinhas ou até mesmo vidros contendo extratos, fungos e outros tipos de material biológico de dificílima identificação do ponto de vista da fiscalização policial.

Seriam todas essas situações casos de biopirataria? Muito provavelmente não. Todavia, apesar disso, a biopirataria existe e certamente tem potencial para se consubstanciar em uma das mais rentáveis atividades delituosas da atualidade.

O biopirata é aquele que, negando-se a cumprir formalidades e desconhecendo e desrespeitando as fronteiras e a soberania das nações (as quais garantem o acesso legal à biodiversidade e uma repartição justa de benefícios — conforme estabelecido na Convenção da Diversidade Biológica de 1992), resolve agir por conta própria, invadindo santuários ecológicos em busca desse "novo ouro". E isso quase sempre utilizando uma fachada para encobrir seu real intento.

Segundo o renomado economista e escritor norte-americano Jeremy Rifkin, estamos vivendo o alvorecer do século da biotecnologia. Esse momento, por sua vez, prenunciaria o fim da saga industrial da forma que a conhecemos, iniciando uma nova era que prevê, sem exageros, a reconstrução do mundo pela valorização dos genes. E a humanidade nunca esteve tão despreparada.

O Brasil, junto com Zâmbia, Índia, Costa Rica, Indonésia, Malásia, Colômbia e alguns outros mais, é membro do seleto grupo de nações megadiversas; isto é, campeãs em biodiversidade nas cinco formas de vida conhecidas no planeta — animais, plantas, algas, fungos, protozoários e bactérias.

Aliás, não seria demais salientarmos que o Brasil fica com a medalha de ouro no quesito megadiversidade, pois se constitui na mais rica nação no que tange a biodiversidade, detendo milhões e milhões de diferentes formas de vida em seus muitos e conhecidos ecossistemas. E essa riqueza, matéria-prima que alimentaria essa era da biotecnologia, pode ser encontrada na Amazônia, na Mata Atlântica, no Cerrado, na Caatinga, nos Campos Sulinos, no Pantanal e, sobretudo, acrescidas pelos conhecimentos tradicionais desenvolvidos nos últimos milhares de anos pelos povos originários, comunidades quilombolas e locais.

Para melhor entendermos o processo que leva à ocorrência da biopirataria, devemos saber que as patentes industriais dos inventos tecnológicos se baseiam, hoje em dia, na obrigatoriedade de se observar três premissas: a novidade, o passo inventivo e a aplicação industrial. Consequentemente, o Acordo sobre Direitos de Propriedade Intelectual Relacionado ao Comércio Internacional (TRIPS), tratado da Organização

Mundial do Comércio (OMC) de 1995, permite praticamente a difusão e a proteção de patentes em todos os países membros do OMC.

A OMC vem discutindo, há aproximadamente 20 anos, a necessidade de se exigir de seus membros que mencionem a origem dos recursos genéticos utilizados em seus países, bem como o consentimento prévio do detentor primário do insumo genético, com vistas a uma repartição justa de benefícios que possa atingir os Estados e as comunidades originadoras dos saberes tradicionais e da própria matéria-prima natural.

Com o modelo atual, ao se registrar a patente de um novo produto ou processo que gere alguma riqueza, seu detentor receberá com exclusividade, nos 20 anos seguintes, lucros verdadeiramente astronômicos (depois desse prazo a patente passa a ser de domínio público). Não podemos esquecer que a biotecnologia será utilizada na solução de problemas vitais e estratégicos para a sociedade, tais como doenças, males hereditários e a própria fome.

A biopirataria traz enormes prejuízos. Com a atividade organizada e bem planejada dos biopiratas, o Brasil pode estar perdendo riquezas incomensuráveis que garantiriam, inclusive, independência econômica ao nosso país frente às novas perspectivas industriais num futuro muito próximo.

Quanto à repartição dos benefícios derivados da utilização dos recursos genéticos da biodiversidade, a Convenção sobre Diversidade Biológica (CDB), estabelecida durante a Eco-92, sediada no Rio de Janeiro, deu início a agenda.

Naquela reunião histórica, buscou-se não apenas a regulamentação do acesso (e utilização desses recursos), mas, sobretudo, uma distribuição justa e equitativa dos proveitos e lucros obtidos desse "capital" genético.

Como avanço dessa agenda, foi elaborado o acordo internacional de Nagoia (Protocolo de Nagoia sobre Acesso a Recursos Genéticos e Repartição de Benefícios), iniciativa tomada em decorrência da própria CDB.

O Protocolo de Nagoia elencou as condições para o acesso aos recursos naturais, garantindo a repartição dos benefícios conseguidos a partir da utilização desse capital genético com quem os forneceu, isto é, as nações megadiversas, detentoras das grandes diversidades biológicas do planeta.

Não há dúvidas de que a necessidade premente do combate à biopirataria foi um dos maiores motivadores da elaboração desse tratado, que por sua vez também estimulou os países signatários à criação de leis próprias de biodiversidade. Essa legislação teria o objetivo justamente de oferecer segurança jurídica para os usuários dos recursos genéticos e, por conseguinte, desestimulando a prática da "bioprospecção ilegal".

No Brasil, tivemos, em 2015, o advento da Lei da Biodiversidade (Lei 13.123), que disciplinou o acesso e a divisão dos benefícios do patrimônio genético brasileiro, entretanto, não houve inovação em termos de tipificação penal específica para a conduta. Do ponto de vista criminal, a biopirataria seguiu sem uma reprimenda à altura dos prejuízos que causa. Em março de 2021, o Brasil finalmente ratificou o Protocolo de Nagoia.

**

Não foi à toa que uma luz vermelha foi acesa quando, na manhã do dia 9 de setembro de 2004, a DMAPH recebeu informações da DELEMAPH de Campo Grande/Mato Grosso do Sul sobre a presença, naquela capital, de um estrangeiro que, possivelmente, estaria cometendo delitos ambientais, mais precisamente na forma do crime previsto no Art. 29 da Lei n.º 9.605/98 — que proíbe condutas como como matar, perseguir, caçar, apanhar, utilizar espécimes da fauna silvestre, nativos ou em rota migratória, sem a devida permissão, licença, autorização da autoridade competente ou em desacordo com a obtida.

Na troca de mensagens que se seguiu, tomamos conhecimento de que se tratava de um cidadão alemão de nome Carsten Roloff, e que o crime cometido, numa primeira análise, seria um delito raro, sofisticado e de dificílima detecção: a biopirataria.

Naquele momento, apesar da biopirataria já ser bastante falada, era muito pouco comprovada. Tínhamos, em denúncias anteriores, situações suspeitas que acabavam nos confundindo. Muitas delas tratavam de apanhadores de sapos e cobras que, invariavelmente, descobriríamos tratar de casos de mero tráfico de espécies exóticas, destinadas a pet shops na Europa, onde há um mercado ávido por cobras, lagartos e aranhas. E, a bem da verdade, não havia, naquela época, um tipo penal que previsse especificamente a conduta da biopiratária — como hoje desgraçadamente ainda não há. Desta forma, entendemos que seria interessante denominarmos essa atividade como "bioprospecção ilegal", termo que foi forjado e utilizado por nós nessa ocasião com o claro objetivo de dar uma dimensão mais científica e mais profunda à conduta criminosa com a qual nos deparávamos.

A mensagem que tínhamos recebido, então, nos dava notícia de que Carsten Roloff estava com viagem marcada para o dia 12 de setembro de 2004, tendo como destino final Recife (PE), com uma conexão em Brasília. De imediato, entramos em contato com a DELEMAPH de Recife, para a qual foi repassada a informação e solicitado o acompanhamento do alemão suspeito a partir do desembarque no Aeroporto de Guararapes.

Naquela manhã do dia 12, Roloff embarcou no aeroporto de Campo Grande sob constante e ininterrupto monitoramento dos policiais federais da DELEMAPH daquele estado. Lá, sua bagagem foi submetida ao raio X do aeroporto e nela foi detectada a presença de vestígios de material biológico. Foi a primeira confirmação de que Roloff de fato estaria prospectando material biológico. Naquele momento, já existiam elementos para a lavratura de um Termo Circunstanciado de Ocorrência (TCO) ou mesmo um possível auto de prisão em flagrante. Contudo, por orientação nossa, e por já vislumbrarmos não se tratar de um simples apanhador de animais silvestres, a DELEMAPH de Campo Grande permitiu que o alemão seguisse para Recife, de modo que, dessa forma, pudéssemos acompanhá-lo e entender melhor suas intenções, além de registrar o seu modus operandi.

A partir desse momento, com a perspectiva de estarmos iniciando uma investigação bastante singular, que poderia confirmar a presença de um biopirata atuando em território brasileiro, toda a atenção da DMAPH foi destinada a essas diligências. Era bem comum, em razão de sermos uma equipe reduzida, que toda vez em que nos deparávamos com uma situação com grande potencial de repercussão, e da qual poderíamos tirar boas lições, nós nos focarmos com energia e empregarmos todos os nossos recursos materiais e humanos.

Na conexão no Aeroporto de Brasília, Roloff continuou sob acompanhamento de policiais federais e sua bagagem foi novamente submetida ao raio X. Nessa ocasião, o interior da mala foi fotografado por policiais da DELEMAPH da Superintendência Regional da PF no Distrito Federal.

Chegando ao Aeroporto dos Guararapes, em Recife, o suspeito também teve seus movimentos monitorados por policiais federais da DELEMAPH de Pernambuco. A bagagem foi mais uma vez submetida ao raio X e os traços da presença de material biológico continuavam assinalados. Do aeroporto, Roloff seguiu de ônibus até a cidade de Caruaru, no mesmo estado, onde permaneceu até o dia 17 de setembro de 2004.

Os policiais federais da DELEMAPH pernambucana acompanharam, sem trégua, todo o período em que o alvo permaneceu naquela cidade, registrando inúmeras incursões do alemão em áreas rurais, sempre solitário e com condutas nada condizentes com a de um simples turista, principalmente em razão daquela não ser uma região tão turística, ainda mais fora do período das festas juninas.

O relato dos nossos agentes confirmava que a conduta de Roloff não era de um mero apanhador de animais silvestres. No dia de seu retorno a Recife, um dos policiais federais que o acompanhava conseguiu manter uma aproximação encoberta e iniciou uma conversa amistosa, na qual o alemão disse que estava a passeio no Brasil e fez várias perguntas acerca da vegetação e do clima de algumas cidades brasileiras, entre elas Corumbá de Goiás (GO).

Paralelamente à vigilância cerrada que foi operada sobre Roloff, efetuamos pesquisas em bancos de dados e em companhias aéreas, confirmando que ele esteve em diversas outras ocasiões no país, sempre com visto de turista, e que o nosso suspeito já possuía todo um itinerário traçado até seu retorno a Zurique, previsto para 10 de outubro de 2004.

Roloff permaneceu em Pernambuco de 12 a 18 de setembro de 2004, quando então retornou a Brasília. Nesse momento, diante da importância que a investigação já adquirira (as diretorias Executiva e de Inteligência da Polícia Federal já haviam sido informadas e estavam bastante interessadas no desfecho das nossas diligências), achei conveniente determinar que a equipe da DMAPH de Pernambuco se engajasse na missão e viesse para Brasília, acompanhando o alvo no voo e juntando esforços com a nossa equipe de Brasília. Tive a surpresa de conhecer uma equipe de excelentes e motivados policiais federais, entre eles a jovem delegada Claudia Braga, que comandava nossa projeção de Pernambuco. Claudia Braga, aliás, foi convocada anos depois para comandar a Operação Novo Empate, uma investigação no Acre, sobre a qual falaremos em outro capítulo.

Ao desembarcar em Brasília, Roloff seguiu no mesmo dia para a cidade de Pirenópolis, em Goiás. Mais uma vez, a nossa orientação foi de que a equipe de campo deixasse que o alvo seguisse seu caminho para, assim, estabelecer um padrão mais apurado de sua conduta. Íamos, dessa forma, registrando todas as suas ações, os contatos que fazia, com os respectivos registros fotográficos. Estávamos, em tese, ainda não em caráter formal, operando uma ação controlada — uma *delivery controlled,* na terminologia das polícias anglo-saxãs e da comunidade internacional do *law enforcement* (a entrega controlada, ou vigiada, é um instrumento investigatório no qual a polícia, com autorização judicial, retarda a sua intervenção repressiva, para obter conhecimento mais amplo sobre os esquemas investigados e responsabilizar, com maior amplitude, atores e organizações criminosas envolvidas no delito em questão). Os nossos policiais já tinham absoluta convicção de estarem monitorando o que se convencionou chamar "biopirata".

Na cidade de Pirenópolis, o alemão continuou mantendo o padrão de conduta apresentado em Caruaru, fazendo, diariamente, longas caminhadas, sempre tendo como destino áreas rurais, de fazendas, em especial uma localidade denominada Vale Dourado, região conhecida pela riqueza em fauna e flora. Durante essas caminhadas, Roloff invariavelmente deixava o leito da estrada para verificar árvores, revirar pedras e o solo, demonstrando estar à procura de algo, assumindo atitude totalmente incomum para um "turista". Todas essas incursões foram devidamente registradas em fotografia pela equipe de policiais federais, à distância, sem que o alvo em momento algum percebesse estar sendo monitorado.

O histórico levantado, os registros de atividades de coleta de aracnídeos, bem como de material biológico em suas bagagens, além de conduta bastante estranha, me levaram a pedir em juízo uma autorização para entrada em seu quarto no hotel e registrar — em fotografias e filme — o conteúdo de suas malas. Passavam das 18 horas quando eu mesmo elaborei o pedido que, pelo adiantar da hora, foi distribuído ao Plantão da Justiça Federal. Ainda na mesma noite, 22 de setembro de 2004, a medida foi deferida pelo juiz plantonista da Justiça Federal do Distrito Federal. Em cumprimento à ordem judiciária, foi possível fazer ótimos registros fotográficos de aranhas acondicionadas em saboneteiras e garrafas plásticas de água mineral.

Continuando a missão de vigilância, as equipes observaram que Roloff tentava obter informações visando suas atividades de bioprospecção ilegal. No dia 24 de setembro, penúltimo dia dele em Pirenópolis, os policiais registraram o alemão mantendo contato com dois médicos homeopatas, sendo que um deles era proprietário de uma clínica no Vale Dourado. Os encontros do biopirata com os médicos foram, de forma encoberta, registrados em fotografia.

Posteriormente, na sequência da investigação, os policiais federais mantiveram contato com um dos médicos, que relatou que Roloff tinha ido até a clínica para dizer que estava interessado em capturar uma espécie de aracnídeo altamente venenoso, do qual tencionava extrair veneno para futura utilização em tratamentos contra artrite e reumatismo. Ainda, segundo ele, o outro médico teria se comprometido com o alemão a fazer contato com laboratórios localizados em São Paulo, onde estariam sendo desenvolvidas pesquisas similares a que pretensamente era conduzida por Carsten Roloff.

No mesmo dia 24, no período da tarde, o alemão trocou de pousada, o que acabou dificultando momentaneamente a realização de filmagens em seu quarto. Essa mudança fez com que tivéssemos, mais uma vez, de recorrer à Justiça, solicitando a extensão da medida autorizada para o endereço da pousada que Roloff passaria a ocupar. A Polícia Federal não perdeu o alvo de vista, promovendo uma vigilância implacável e ininterrupta.

Na mesma representação, solicitamos a busca e apreensão das correspondências postadas pelo biopirata na agência dos Correios de Pirenópolis. Nossa equipe da Polícia Federal tinha conhecimento de que seis cartas haviam sido postadas por Roloff. Contudo, na diligência no sistema dos Correios, conseguimos resgatar e apreender apenas uma delas. Como a carta estava redigida em alemão, providenciamos a imediata tradução, o que veio de fato confirmar todas as suspeitas até então existentes acerca das atividades e objetivos de Carsten Hermann Roloff em território brasileiro.

Na carta estavam registrados alguns passos do biopirata, as espécies capturadas e a espécie objeto de seu maior interesse: a aranha *Acanthoscurria atrox*. O alemão relatava, ainda, que as aranhas que havia coletado na cidade de Rochedo, em Mato Grosso do Sul, teriam ficado debilitadas devido à aridez e à baixa umidade que ocorria naquela estação no estado de Goiás e haviam sido descartadas pelo caminho, o que explicava o expressivo decréscimo no número de aracnídeos mantidos por ele. Na carta apreendida, merece especial registro o trecho em que o alemão perguntava à sua mulher se os bichos remetidos por carta haviam chegado em boas condições. Há menção de que eles teriam sido remetidos tanto para sua mulher como para um certo Walter.

Roloff demonstrava preocupação quando escreveu que, caso as remessas não chegassem ao destino na Europa, ele levaria consigo os dois casulos em bom estado, finalizando a correspondência com o aviso de cautela: "Seja sempre cautelosa assim como eu".

Além dessa única carta interceptada, encaminhamos para tradução um manuscrito encontrado na posse do alvo. Nesse "diário de viagem do biopirata", merece destaque o registrado no dia 7 de setembro de 2004, quando Roloff escreve que encontrou, empacotou e levou consigo diversas aranhas da espécie *Acanthoscurria atrox*.

Em suas notas, registra também que as ootecas — espécie de casulo onde as aranhas fêmeas depositam centenas de ovos — foram produzidas por aranhas capturadas por ele no Brasil e mantidas em cativeiro em garrafas vazias de água mineral, o que foi de fato confirmado pelas fotografias tiradas pelos policiais federais da nossa equipe. No registro referente ao dia 10 de setembro de 2004, o alemão relata que uma certa sra. Rosa encontrara uma "jovem fêmea", tendo sido recompensada pela sua prestatividade com 50 reais. Cabe aqui relatar que nenhuma das pessoas mencionadas pelo biopirata teriam, a princípio, participado conscientemente das ações de Roloff. Foram, quando muito, colaboradoras incidentais, sem qualquer percepção da ilicitude dos atos dele.

Após a apreensão da carta, e diante da possibilidade de perdermos a oportunidade, isto é, a própria materialidade dos delitos que vinham sendo cometidos pelo alvo, resolvi que o Aeroporto Internacional de Brasília seria o local mais apropriado para a realização da abordagem. Já havíamos colecionado registros suficientes de que Carsten Hermann Richard Roloff encontrava-se em território brasileiro em clara e inequívoca empreitada de bioprospecção ilegal.

Conforme o Laudo de Exame para Constatação de Dano Ambiental n.º 2.360/04, do Instituto Nacional de Criminalística — que naquela época tinha a sigla INC/DPF —, cada uma das ootecas poderia gerar de 100 a 2 mil ovos de aranhas. Ainda segundo os nossos peritos criminais federais, as ootecas em exame eram provenientes de animais silvestres brasileiros, e os ovos por elas contidos guardavam embriões vivos.

Todos os documentos e escritos encontrados na posse do alemão foram submetidos à análise policial, e alguns itens mereceram destaque por conterem indícios de que as aranhas por ele capturadas no Brasil, assim como as ootecas com ele apreendidas, destinavam-se ao exterior tanto para o comércio como para o acesso aos componentes de sua estrutura fisiológica.

Há menção a um certo Böhler Rainer, que estaria ligado a uma loja de répteis estabelecida na Alemanha. O mais interessante entre os "escritos" encontrados com Roloff foi o que registrou a provável estreia do alemão na atividade de biopirataria. Pelo que Roloff descreveu, o dr. Wolfgang Bücherl o utilizou como portador de um pacote que continha amostra de soro seco de jararaca "para fins científicos". Roloff declarou que levou o pacote até a Suíça, de onde o despachou por correio, tendo como destino um laboratório na Alemanha. O fato teria ocorrido no ano de 1978 e talvez tenha contribuído para a iniciação dele nas atividades de biopiratária.

Havia também, devidamente registrado, o endereço de diversos museus no Brasil, Alemanha, Japão, Itália, França, Áustria e Estados Unidos, todos impressos com nomes de pesquisadores e trabalhos científicos por eles publicados que mencionavam o potencial químico de aranhas brasileiras, com enfoque em "peptídeos antimicrobianos".

Foram assinalados e colecionados, em nossas "entradas autorizadas", diversos cartões de embarque, tickets de voos e de viagens de ônibus empreendidas por Roloff no Brasil, assim como canhotos da Empresa Brasileira de Correios e Telégrafos, nos quais estava escrito "*Brief au Walter*" (Cartas para Walter), que foram enviadas à Suíça em 11, 13 e 17 de setembro de 2004. Tínhamos fundadas razões para acreditar que essas parcelas enviadas por correio continham filhotes de aranhas.

Roloff deixou Pirenópolis na manhã do dia 25 de setembro de 2004, chegando à Rodoferroviária de Brasília por volta de 13 horas. A partir desse ponto, eu mesmo passei a fazer parte e a coordenar o trabalho da equipe de vigilância. O alemão seguiu de ônibus até a Rodoviária, local em que por várias vezes manuseou sua bagagem, demonstrando extrema preocupação e cuidado. Todas essas situações seguiram sendo registradas em fotografias. De lá, pegou uma condução para o aeroporto e foi acompanhado à distância por nós.

Eu sabia bem que aquela investigação era um caso único na história policial do nosso país e que atrairia a atenção da sociedade e do próprio Congresso Nacional. Por isso, nos dias que antecederam a prisão, fiz contato com a Rede Globo, mais precisamente com o programa dominical *Fantástico*. Já conhecia de vista o jornalista Vladimir Netto, que era uma espécie de setorista da Globo para a Polícia Federal e que acabou, para nossa felicidade, sendo o indicado para cobrir a prisão do nosso alvo.

O momento da prisão é quase sempre o desfecho de um longo trabalho que consome recursos financeiros, materiais e humanos e é, invariavelmente, tenso. Sabíamos que estávamos correndo o risco de abordar o biopirata e nos frustrarmos, especialmente se ele já não estivesse mais em poder de nenhum material biológico. O mantivemos sob cerrada vigilância durante todo aquele período, mas não há vigilância que consiga monitorar cem por cento do tempo de um alvo. Sabíamos disso. Por outro lado, receávamos perdê-lo de vista. Sabíamos que Roloff nunca percebera estar sendo seguido e que tinha sido acompanhado quase que ininterruptamente sem nunca ninguém "queimar" o serviço, como dizemos no jargão policial. Aliás, esse é o grande risco de uma vigilância longa. É um trabalho em que ficamos no fio da navalha, buscando o difícil equilíbrio entre não perder e não queimar a missão. E quanto mais tempo, maior a tensão. Me lembro de que estava bem estressado com o momento do bote.

Assim, por volta da meia-noite do dia 26 de setembro de 2004, depois de alguns minutos avaliando o melhor local da abordagem para evitar aglomeração de curiosos, executamos a prisão de Carsten Roloff nas dependências do Aeroporto Internacional de Brasília, realizando ainda uma minuciosa busca em sua bagagem. Vladimir posicionou bem as câmeras da emissora e promoveu uma boa tomada da nossa ação no aeroporto. Após a detenção, o alemão foi conduzido à Sede da Superintendência Regional da Polícia Federal no Distrito Federal, local em que foi formalizado o Termo Circunstanciado Flagrancial, como incurso na conduta descrita no Art. 29 da Lei n.º 9.605/98.

Em seu depoimento, o alemão afirmou ter entrado no país com visto de turista e que sua finalidade era de pesquisar aranhas venenosas, pois guardava o interesse em estudá-las para identificar remédios a partir do veneno nelas existente. Ele disse também que estava buscando filhotes de aranhas e seus ovos para levar para a Suíça. Roloff confessou que tinha enviado por correio três ou quatro pacotes contendo aranhas, tendo como destinatário uma pessoa de nome Walter Shwaller. Confirmou ainda que apanhava as aranhas com as mãos e as mantinha em pequenos recipientes, acondicionando-as em caixinhas para filmes fotográficos, para evitar que fossem detectadas no raio X dos aeroportos brasileiros. Disse ainda que embrulhava os recipientes (que continham várias aranhas) em papel alumínio para dificultar a inspeção em nossos aeroportos.

Carsten Hermann Roloff admitiu toda a prática do que seria a biopirataria, ou seja, o interesse da bioprospecção com intuito de extrair as toxinas dos espécimes capturados e para o desenvolvimento de pesquisas laboratoriais a serem desenvolvidas fora do Brasil, mais precisamente em laboratórios suíços ou alemães.

Embora ainda houvesse uma incriminação indireta, que eram as fotografias e relatos lavrados pelos policiais federais que o acompanharam, inclusive com registro da existência de diversas aranhas em sua bagagem, esses registros passados já não eram elementos que o mantinham em situação de flagrante delito. A materialidade do crime cometido pelo alemão se resumia à presença das duas ootecas encontradas em sua bagagem, que foram efetivamente o único arrimo da prisão e da condução forçada de Roloff à Polícia Federal.

Carsten Hermann Roloff foi o primeiro caso de biopirata totalmente confirmado no Brasil. No entanto, o nosso ordenamento jurídico, além de não contar com um tipo penal que atinja o dolo específico (intenção e objetivo com a ação criminosa) da biopirataria, não encontra no artigo 29 da Lei n.º 9.605/98 um dispositivo que efetivamente iniba ou desestimule o tráfico de animais silvestres. Isso porque essa conduta, por ser recepcionada como delito de menor potencial ofensivo, não deixa para a autoridade policial uma alternativa que não seja a lavratura de Termo Circunstanciado de Ocorrência, sem que o infrator seja submetido à prisão ou a qualquer outra medida mais severa, mesmo em um caso internacional como esse.

O acompanhamento policial e investigativo de Roloff tinha como objetivo não apenas conhecer com mais profundidade a ação de um biopirata em território brasileiro, mas, sobretudo, de buscar a possível existência de apoio e participação de terceiros nos delitos. Durante nosso trabalho, observamos, sem sombra de dúvida, que ele agia sozinho. As pessoas que conheceu e contactou em Mato Grosso do Sul, Pernambuco, Distrito Federal e Goiás não participariam da bioprospecção ilegal que realizara. Ao menos no Brasil, ele empreendia um voo solo. Se fosse ao contrário, teria sido possível, naquela época, fazer a adequação de sua conduta ao tipo penal previsto no Art. 288 do Código Penal (bando ou quadrilha), o que teria permitido, inclusive, sua custódia (prisão) temporária. Isso, sem dúvida, teria dado mais impacto e menos frustração à sociedade, que, ao final dos trabalhos, foi irremediavelmente informada do desfecho do périplo criminoso do alemão em terras brasileiras.

Se o crime que Carsten Roloff estava cometendo fosse apenado com um pouco mais de severidade por nosso ordenamento jurídico, poderíamos até ter planejado e executado uma entrega controlada internacional, com apoio das polícias da Alemanha e da Suíça, com as quais já tínhamos excelente relacionamento. Essa hipótese, no entanto, foi afastada, pois tivemos receio de perder uma oportunidade de ouro para detalhadamente comprovar, em nosso país, por intermédio de uma ação da Polícia Federal, a ação flagrante de um biopirata.

Infelizmente para nós, brasileiros, Carsten Roloff teve um final feliz diante da conduta desrespeitosa que teve em relação às nossas leis. Ele saiu da Polícia Federal antes mesmo que nós, policiais, terminássemos de arrumar as gavetas e os papéis da Operação Efeito Roloff, que estava praticamente encerrada.

Ao menos, com o "Efeito Roloff", conseguimos chamar a atenção sobre as muitas lacunas das nossas leis, principalmente as que protegem o meio ambiente, buscando uma reação do Congresso e da imprensa.

A Polícia Federal, ao longo dos 20 anos de atividade da divisão especializada na repressão aos crimes ambientais, vem implementando diversas ações repressivas, que preveem, entre outras medidas, o indispensável trabalho de inteligência policial como base das atividades de polícia judiciária. Nessas duas décadas de repressão aos crimes ambientais, a Polícia Federal deu um grande passo para graduar o conhecimento sobre os meandros da delinquência ambiental, com o firme propósito de, dentro de sua missão constitucional, defender esse verdadeiro patrimônio nacional, tão importante e estratégico para nossa soberania e desenvolvimento.

É fundamental, no entanto, que exista em nosso ordenamento jurídico uma reprimenda penal que definitivamente venha a inibir e desencorajar tais atividades, provendo a polícia judiciária e, sobretudo a Justiça, de instrumentos coercitivos eficazes. Hoje, a conduta da biopirataria — seja com o simples acesso ou mesmo com remessa ao exterior de material genético oriundo de nossa vida selvagem — recebe acolhida no artigo 29 da Lei n.º 9.605/98, dispositivo que não atinge o dolo específico do biopirata, prevendo uma pena que apenas impõe ao transgressor algumas horas na delegacia, o tempo suficiente para a lavratura de um simples termo circunstanciado, que é a formalidade prevista para os casos de delitos de menor potencial ofensivo. Não há, dessa forma, a prisão em flagrante do infrator porque a biopirataria ainda é considerada um crime menor.

O Artigo 29 da Lei n.º 9.605/98, que trata da questão dos animais silvestres, foi concebido com o intuito de adequar condutas de criminosos que agem em desfavor da fauna tão somente apanhando, capturando, caçando, transportando, entre outras modalidades, com o objetivo de, no máximo, comercializar os animais sem o caráter de prospecção de conhecimento e produção de riqueza. Não há uma previsão legal específica para aqueles que subtraem insumos da vida silvestre com fins industriais, de alto lucro.

Uma pessoa que leva 20 sapinhos para vendê-los num petshop em Amsterdã, Holanda, recebe igual tratamento daquela que leva os mesmos 20 sapinhos para uma indústria biotecnológica que estuda, isola e patenteia uma molécula a partir de toxinas retiradas desses animais, gerando bilhões de dólares durante duas décadas. A biopirataria é um delito muito mais de natureza econômica do que ambiental, posto que, raras as vezes, o biopirata causa um dano efetivamente ambiental.

Não se trata, é claro, de uma tentativa quixotesca de deter o avanço tecnológico, que de uma forma ou de outra acabará beneficiando a sociedade mundial como um todo, mas, sim, de vincular tal avanço e seus lucros àqueles que detêm originariamente não apenas o conhecimento de seus benefícios, mas, sobretudo as próprias matrizes naturais.

Hoje ainda não existe um tipo penal que alcance a conduta do biopirata. Lembro-me perfeitamente de que a deflagração da operação policial que deteve o biopirata Carsten Roloff obteve cobertura da mídia televisiva nacional. Também causou impacto e acarretou diversas "iniciativas" inflamadas de congressistas, inclusive com a formação de uma comissão que prometia estudar e solucionar a lacuna legal e que, enfim, iria contemplar o ordenamento pátrio com um tipo penal específico para a prática da biopirataria.

Contudo, passados quase 20 anos da Operação Efeito Roloff, nada concreto foi feito e a sociedade brasileira segue aguardando a iniciativa dos legisladores sobre esse tema tão importante para o futuro do país.

CAPÍTULO 5

AMAZÔNIA, A PARANOIA DA COBIÇA INTERNACIONAL, COMÉRCIO DE ARMAS E FAKE NEWS

No final de 2004, com a divisão devidamente instalada e navegando de vento em popa, com as delegacias já formalmente criadas, o projeto efetivamente encaminhado, as operações repressivas fluindo bem, os programas idealizados e postos em prática, e começando a impactar positivamente, solicitei uma indicação para cursar a Escola Superior de Guerra (ESG).

O módulo da ESG pelo qual me interessei foi o curso de Altos Estudos de Política e Estratégia, que é conhecido como CAEPE. Trata-se de um estágio com duração de um ano, oferecido há décadas para a Polícia Federal. É um período que nós, delegados, além de fazermos uma breve pausa do desgastante trabalho policial, mergulhamos em estudos de temas brasileiros e nas principais questões e problemas geopolíticos, tudo com um olhar estratégico de Defesa.

Nossos diversos trabalhos na área ambiental, realizados nos quatro anos anteriores e que geraram inúmeros reflexos na Região Amazônica, caíram como uma luva para eu ter o meu pleito e currículo aceitos, tanto pela Polícia Federal, como pelo Ministério da Defesa, a quem o curso se subordina diretamente.

Os dias na Escola Superior de Guerra foram extremamente profícuos. Foi um período em que aprendi muito sobre o Brasil e fiz grandes amigos, entre civis e militares. Minha monografia, cujo título é *Amazônia, importância internacional e soberania,* foi um trabalho crítico sobre alguns pontos que apontarei nesse capítulo.

**

Sempre entendi que as Forças Armadas teriam um papel relevante nas atividades de repressão aos crimes ambientais na Amazônia em razão de seu contingente, de sua capacidade instalada na área de engenharia e da capilaridade de sua presença na região. Há, de fato, certas missões, como o manejo e transporte de grandes quantidades de toras de madeira, apreendidas em rios ou em clareiras na floresta, que definitivamente só o Exército têm recursos humanos e materiais para realizar.

O Exército vai aonde poucos conseguem ir, por outro lado, sempre estranhei que, nas inúmeras vezes em que participei de reuniões integradas, onde estavam presentes representantes do Ministério Público Federal, do Ibama, do Ministério do Meio Ambiente, do Ministério das Minas e Energia e do Exército Brasileiro, seja em crises envolvendo invasões de terras indígenas ou de áreas de proteção ambiental por garimpeiros ou outro tipo de atividades que degradam o meio ambiente, o Exército sempre aceitava sua parte na solução da crise mas, invariavelmente, na própria reunião, apresentava uma conta, em reais, para custear as despesas que teriam com combustível, rancho, pessoal etc. Praticamente diziam que sem aportes extras não poderiam garantir a participação.

Sem dúvida há justificativas plausíveis, de cunho financeiro e orçamentário, para que o Exército não abrace tais missões sem solicitar custeios adicionais. Afinal, quase todas essas operações ocorrem em base de imprevistos, estando, portanto, fora do alcance de qualquer planejamento, até porque muitas delas não fazem parte do rol de missões constitucionais das nossas forças terrestres.

Cabe aí, por consequência, uma crítica destinada ao próprio estado brasileiro como um todo, que poderia gestionar nesse sentido, articulando-se prospectivamente em base supra-ministerial com outras pastas, como as da Justiça, Meio Ambiente e Defesa, entre outras. Faltaria então uma visão em perspectiva, que buscasse maior previsibilidade das ações das forças terrestres em suporte às ações ambientais de interesse nacional, talvez até com base nas missões que o Exército vem sendo instado a realizar, nos últimos exercícios fiscais, onde se assinalaria uma média aproximada de despesas.

Há, decerto, ações que não podem ser planificadas, contudo, gastos podem ao menos ser esperados, e minimamente estimados. Se houvesse um planejamento nesse sentido, já seria um bom começo para vislumbrarmos uma agenda com engajamento, por parte do Exército, em ações ambientais com maior perenidade, e em caráter menos ocasional.

Durante o período em que trabalhei tendo a Amazônia como objeto central, observei que a cultura militar talvez enxergue alguns inimigos onde não existam, e, por outro lado, deixe de perceber que algumas outras atividades são de fato extremamente danosas para a floresta. Esse olhar, até certo ponto obnubilado, obviamente teria uma razão de ser, uma motivação. Quando ocorre uma visão equivocada sobre algum fato ou situação é porque não se está enxergando personagens e fenômenos com a nitidez necessária para compreendê-los.

Um dos pontos centrais sobre a Amazônia, hoje em dia, reside no bom entendimento dos conceitos mais modernos de soberania e os seus limites. Percebi isso claramente logo nos primeiros contatos com as abordagens geopolíticas da Escola Superior de Guerra.

Aparentemente, os teóricos da ESG ainda teriam em mente doutrinas e objetivos do período do governo militar, quando o general Golbery do Couto e Silva, segundo suas próprias palavras, preconizava "inundar de civilização a hileia amazônica, a coberto dos nódulos fronteiriços, partindo de uma base avançada constituída no Centro-Oeste, em ação coordenada com a progressão Leste-Oeste segundo o eixo do grande rio".

"Inundar de civilização" a Floresta Amazônica não parece ser uma medida que harmonize com ideais de equilíbrio e conservação para esse importante patrimônio natural brasileiro.

A complacência e, até certo ponto, a permissividade com que esse pensamento aparentemente aceita algumas atividades econômicas extremamente deletérias para a Amazônia, como garimpos e lavra de arrozeiros e madeireiros, talvez seja um resquício dessa visão de Golbery, na qual "inundar" a região de gente era o que mais importava, sem se levar em conta o grande contingente de cidadãos que exploravam atividades não sustentáveis e danosas para o meio ambiente.

E estranhamente — ou talvez nem tão estranhamente assim — há uma outra obsessão da doutrina do Exército: a defasada ideia fixa da cobiça internacional sobre a Amazônia.

O termo cobiça é definido nos dicionários como "desejo veemente de conseguir algo; ambição e avidez". Haveria então cobiça em relação à Amazônia como um todo? Tal cobiça seria efetivamente exercida por outros países? Seria a "cobiça internacional" sobre a Amazônia um desejo de conquista com contornos de ameaça à soberania do Brasil sobre a área, do ponto de vista de uma invasão militar territorial? Essas perguntas devem ser respondidas com serenidade.

Temos, então, de um lado da discussão essa geopolítica militar, ainda preconizada pela ESG, propagandeando — por intermédio de oficiais com visões não muito atuais — que a Região Amazônica é objeto de uma sedenta e ininterrupta cobiça por parte de potências estrangeiras. E, na outra extremidade, o conservacionismo ambiental como uma voz que nos chama à razão (e a atenção) para o fato de que alguma coisa deve ser feita, inclusive com aplicação de princípios de governança para interromper processos de degradação que podem se tornar irreversíveis, com prejuízos para a humanidade como um todo.

Essa visão geopolítica militar parece, também, preocupar-se exageradamente com a presença e ação de organizações não governamentais na Amazônia, assim como de missões religiosas e científicas estrangeiras.

Esses “agentes infiltrados”, segundo teoria de conspiração que já encampam há décadas, estariam em busca furtiva por nossas riquezas minerais, como nióbio e grafeno.

Nesse caso, em especial, a conversa sobre grafeno e nióbio ganham contornos e dimensões dramáticos, de tudo ou nada, de reservas que teriam o potencial de nos tirar da crise e nos enriquecer de uma hora para outra, nos transformando instantaneamente em superpotência. Chega a tangenciar o ridículo.

Segundo a Companhia de Pesquisa de Recursos Minerais — SGB/CPRM (Serviço Geológico Brasileiro), as reservas de nióbio já em exploração são mais do que suficientes para suprir as demandas interna e externa pelos próximos dois séculos. O United States Geological Survey vem, na mesma linha, afirmando que “os recursos de nióbio no planeta excedem às necessidades projetadas”. Autoridades do IBRAM (Instituto Brasileiro de Mineração) estabeleceram recentemente que não haveria necessidade de mercado que autorize a colocação de novas minas de nióbio em operação.

Por fim, Eduardo Ribeiro, Presidente da Companhia Brasileira de Metalurgia e Mineração (CBMM), afirmou categoricamente que o nióbio não é raro, e que há reservas na Rússia, nos Estados Unidos, no Canadá, na Austrália e em países do continente africano, inclusive com unidades que não entraram em operação por conta das limitações do próprio mercado.

Não é uma coincidência o fato de ter sido Jair Bolsonaro um dos primeiros garotos propaganda do nióbio. Esse discurso exagerado acirrou-se na campanha eleitoral de 2018, quando ele levava às suas palestras um mapa dos anos 1970, elaborado pelo Exército, em que eram elencados os principais recursos naturais encontrados em nosso subsolo. O objetivo dessas narrativas nunca foi disfarçado: campanha pela exploração de minérios em terras indígenas e em áreas de proteção ambiental.

Por outro viés, essas mesmas teorias, vitaminadas diariamente nas bancas da Escola Superior de Guerra, não se preocupam, ao menos aparentemente, com a destruição promovida na Amazônia por atividades econômicas ilegais levadas a cabo por cidadãos brasileiros. Aí me refiro principalmente aos garimpeiros, mas também aos madeireiros, aos grileiros e aos arrozeiros (estes últimos em Roraima, em bioma de campos amazônicos).

A destruição da Amazônia, no que ela efetivamente tem de mais vital e relevante para nós, a sua cobertura vegetal – que encerra riquíssima biodiversidade –, está sendo capitaneada por nós, cidadãos brasileiros, pois quem está por detrás de garimpos e extração de madeiras de lei não são cidadãos estrangeiros, mas nossos próprios conterrâneos.

E, afinal, podemos conduzir atividades econômicas destrutivas na Amazônia simplesmente porque ela é nossa, porque se encontra em nosso território sob a égide da nossa soberania? A preocupação de outros países em relação ao que fazemos ou deixamos de fazer com a nossa floresta é mera intromissão em assunto que não diz respeito às outras nações, senão a nós mesmos?

Haveria alguma possibilidade de relativização do conceito de soberania diante de situações em que a letargia ou omissão de um Estado coloca em risco a segurança (ambiental) de um conjunto de nações?

Num planeta com 7 bilhões de seres humanos, com recursos que se encontram em vias de esgotamento, podem alguns países deixar ocorrer (ou promoverem deliberadamente) a destruição de extensas áreas de cobertura vegetal, cuja extinção impactaria terrivelmente na Terra como um todo?

A Amazônia é nossa, é brasileira. Isso não se discute. Mas é igualmente nossa a obrigação de preservá-la. E dessa responsabilidade não podemos fugir.

Afinal, quem seria então o inimigo?

Durante o curso na ESG, percebi que ainda predomina no pensamento militar brasileiro contemporâneo uma visão de que o ambientalismo seria, grosso modo, um engodo engendrado por prepostos de potências estrangeiras. Essa ameaça ocorreria principalmente por intermédio dos movimentos em "defesa" da Floresta Amazônica, capitaneados predominantemente por ONGs.

A bem da verdade, tais doutrinas encontrariam maior número de defensores nos quadros do Exército. As outras duas forças, tanto Marinha e Aeronáutica, não comungam com a mesma intensidade dessas visões desatualizadas.

Este posicionamento, que hoje podemos inclusive classificar como negacionista, enxerga conceitos como o de sustentabilidade como "divinização do meio ambiente" e acredita que o ambientalismo inventa e superdimensiona deliberadamente preocupações, sempre patrocinado por países industrializados, com o propósito de frear possibilidades de alavancagem de nações em via de desenvolvimento. A estratégia desse ambientalismo, segundo as correntes militares, seria criar um estado de perigo e calamidade exagerados, com vistas a conter a exploração de recursos minerais por parte dos países mais atrasados. Os objetivos seriam, além de refrear o crescimento e o surgimento de futuros adversários comerciais, salvaguardar para si mercados internacionais de pedras e metais preciosos.

Essas crenças, que têm forte componente de teoria da conspiração, acabam por ignorar, de forma pouco responsável, não apenas as ameaças reais e imediatas que o meio ambiente vem sofrendo, mas as próprias riquezas existentes na floresta. Seria como se a cobertura vegetal fosse apenas um carpete descartável e sem vida, cobrindo reservas de ouro e diamantes.

Não há dúvidas sobre a relevância das florestas tropicais para o clima do planeta. A Amazônia, a maior dessas florestas, recebe uma atenção especial nesse contexto e sua importância não se deve apenas à influência que a região produz no clima da Terra, mas, sobretudo, à riqueza de formas de vida, tanto de animais como de vegetais. Ao contrário do que vem sendo dito e apregoado, a Amazônia não desempenharia a função de "pulmão do planeta", mas, sim, de um grande e poderoso "ar-refrigerado da Terra". Não seria ilegítima, então, a atenção que cidadãos e nações de todo o mundo dispensam à Amazônia. Se a região é relevante para o equilíbrio climático da Terra, certamente merece toda preocupação a ela reservada.

É importante ressaltar que não são só as riquezas minerais ou as dimensões da região que a tornam tão importante, e, sim, a sua diversidade biológica. Se o valor dessa megadiversidade não for entendido, ela jamais poderá ser valorizada. A Amazônia não é, entretanto, o único ecossistema de importância global. Também o são as gigantescas barreiras de coral na costa leste da Austrália, as florestas de coníferas na Sibéria, as regiões inóspitas de florestas do Alasca e do norte do Canadá, assim como a cobertura florestal tropical do oeste do continente africano, entre outros.

É claro que se a região Amazônica esconde riquezas minerais e outros potenciais para exploração de atividades econômicas em geral, isto acarreta — e sempre acarretará — fortes interesses de empreendedores particulares sobre cada uma dessas riquezas. Grupos privados certamente cobiçarão os veios de ouro e diamantes, assim como o fazem em relação às madeiras de lei.

É certo, entretanto, que nem todos esses grupos são estrangeiros ou transnacionais. Muitas das iniciativas exploratórias em curso na região são de origem nacional, como o agronegócio que avança da fronteira agrícola sobre a Floresta Amazônica do estado do Mato Grosso.

E o ambientalismo e seu discurso, ao contrário de representar uma ameaça ideológica, como ocorre aos olhos de grande parte dos estrategistas militares, deveria, sim, ser uma ferramenta estratégica de poder, ao alcance dos governantes do país. Não há dúvida de que o respeito — ou não — às questões ambientais será fundamental, em futuro próximo, para determinar aos países as condições para seu sucesso ou fracasso.

Todavia, aspectos minuciosos de cada empreendimento na Região Amazônica devem ser muito bem considerados e estudados, pois em alguns casos pode haver razão nos avisos daqueles que, visando à salvaguarda de bons projetos que buscam legítimos interesses nacionais, chamam atenção para a possibilidade de que alguns alertas ambientalistas — não todos — poderiam estar inflamando inocentes úteis como tentativa de desinformar e embargar boas iniciativas. É certo que o Brasil cresce e incomoda. Já somos o maior produtor de carne bovina do mundo e um dos maiores em soja. A entrada de novos e fortes competidores sempre intimida, e o jogo que se pratica nesse tabuleiro do grande comércio mundial nem sempre respeita os limites da ética. Mas, nesse mesmo contexto, e partindo dos mesmos princípios da “contrainformação difamatória”, os ultranacionalistas que repelem o discurso ambientalista, taxando-o de movimento antidesenvolvimentista e contrário aos interesses nacionais, poderiam estar da mesma forma sendo usados como inocentes úteis e servindo aos interesses de ávidos “empreendedores”, que apenas desejam se ver livres da observância dos limites ditados pelas regras ambientais, quase sempre o maior empecilho para suas empreitadas lucrativas e deletérias.

Em relação à Amazônia, muitas dessas crendices vem servindo igualmente a setores do poder público, que deveriam se fazer mais presentes na região. Proteger enormes áreas de florestas necessariamente implicaria em gastos com fiscalização ambiental, atividade policial e com a atuação das Forças Armadas. O caminho mais simples é seguir evocando a "tese" do ambientalismo "a serviço do imperialismo globalista ou do governo mundial", e acabar por deixar vicejar atividades como extração desenfreada de madeira, garimpo ilegal, ou mesmo a transformação de vastas áreas de cobertura florestal em pastos ou monocultura de soja, pois assim, para eles, a região seria ao menos efetivamente ocupada.

**

Um evento recente nos reforça a suspeita de que o pensamento militar — que esperamos que não seja o majoritário — deixa realmente a desejar no que diz respeito às complexas questões envolvendo a Amazônia brasileira.

A empresa Meta, holding que opera o controle de qualidade do WhatsApp, Facebook e Instagram, anunciou no dia 7 de abril de 2022 que havia identificado e derrubado uma rede de perfis e contas pilotadas por militares do Exército brasileiro. Esses oficiais comandavam uma verdadeira operação de desinformação sobre temas relativos à Amazônia, focando suas estratégias nas atividades de ONGs, inclusive criando perfis de ativistas ambientais fictícios. Esse grupo detinha inúmeras contas fake e ensaiava defender a absurda premissa de que "nem todos os desmatamentos são negativos ou prejudiciais".

A rede derrubada envolvia 39 contas no Instagram e 14 no Facebook, tendo sido constatada a violação das normas de funcionamento de ambas as redes sociais. A empresa que assinou o relatório registrou que foram usados perfis falsos também em outras redes sociais, como o Twitter.

Decerto que tais condutas não tiveram apoio nem conhecimento do Comando do Exército, conforme nota oficial divulgada pela entidade. Contudo, o fato dessa difusão de mentiras ter sido levada a efeito por um grupo composto de militares, e também pelo emprego de um modus operandi covarde — de se encobrirem por detrás do anonimato — e por terem a difusão de fake news como matéria-prima para sua atuação criminosa, tudo isso nos faz acreditar que um numeroso grupo de militares do Exército poderia estar contaminado pelo ideário bolsonarista, que hoje já se confunde com esse pensamento retrógrado, desenvolvido há décadas, sobre a real necessidade de protegermos o meio ambiente e a Amazônia.

Continuo a duvidar se o pensamento que ainda predomina no Exército Brasileiro de fato se harmoniza com os mais modernos conceitos de ambientalismo e sustentabilidade.

Esse questionamento é alimentado pelos rumos do próprio Governo Bolsonaro, que desde o seu início, em janeiro de 2019, recebeu em seus quadros milhares de oficiais das Forças Armadas, tanto da ativa como da reserva, e vem se mostrando uma administração trágica para o meio ambiente, em especial no tocante à Amazônia. Nem mesmo no período da ditadura — entre 1964 e 1985 — tivemos tantos militares ocupando funções de confiança em setores eminentemente civis. A propósito, em que outro governo, senão o do capitão Bolsonaro, poderia vicejar o odioso Projeto de Lei 5544/20, que libera a caça esportiva, colocando em risco diversas espécies de animais silvestres, como macacos e onças? Esse projeto anacrônico entrou na pauta da Comissão de Meio Ambiente e Desenvolvimento Sustentável coincidentemente quando escrevia esse livro.

Parece piada, mas não é: um dos principais argumentos de defesa desse Projeto de Lei 5554 é que a caça operaria a "promoção de uma maior interação do ser humano com a natureza". Seria cômico se não fosse trágico, com os biomas brasileiros cada vez mais reduzidos pelos constantes desmatamentos criminosos, alguém estar pensando em autorizar o abate esportivo de espécies silvestres, que estão, a cada dia que passa, com suas existências mais ameaçadas, em razão da degradação que seus habitats vêm sofrendo.

Essa "interação do ser humano com a natureza" seria em uma relação sui generis, em que o homem entraria com chumbo e a pólvora, e o animal, representando a natureza, entraria com o couro e a própria vida.

Outro problema seria a fiscalização dessas atividades de caça esportiva. Vale lembrar que no governo Bolsonaro, o Ibama vem sendo cada vez mais esvaziado e debilitado. Esse PL 5554 não consegue disfarçar seu real objetivo: a legalização da caça ilegal. O projeto é um escárnio com a sociedade brasileira.

No meu ponto de vista, trata-se de uma iniciativa que indisfarçadamente visa tão somente atender à indústria de armas e munições, apoiadora de primeira hora do governo Bolsonaro. Militares da ativa e da reserva devem decidir se ficam com a defesa do meio ambiente ou com o fomento da indústria de armas e munições. Muito difícil conciliar esses dois projetos.

Vale aqui registar que esse setor nunca faturou tanto como nos últimos anos. De acordo com dados divulgados pela Polícia Federal, mais de 76 mil armas de fogo foram registradas só na primeira metade de 2021. O número representa crescimento de 67% em comparação com o mesmo período do ano de 2020.

A respeito desse tema, uma matéria publicada no *O Globo* em 20/02/2022 traz os resultados de uma pesquisa realizada pelo jornal nos Tribunais de Justiça do país. Inúmeros CACs — categoria de Caçadores, Atiradores e Colecionadores, que por conta de tal status adquirem armas com mais facilidade e e são ironicamente apelidados de "atiradores do bem" — foram identificados como integrantes de milícias e grupos de extermínio. Outros são armeiros de facções do tráfico e operam como fornecedores de armas para assaltantes em geral. Em suma, o armamento e munição que vem sendo liberado pelo governo para os CACs estão abastecendo facções criminosas e milícias pelo Brasil afora, inclusive na região Amazônica.

Há, ainda, um outro fenômeno alarmante da criminologia, igualmente trágico, decorrente dessa obsessão desmedida do Governo Bolsonaro de armar a sociedade brasileira. De acordo com o Artigo Estratégico "O ecossistema do crime ambiental na Amazônia: uma análise das economias ilícitas da floresta", do Instituto Igarapé, em algumas localidades da região Norte, em especial nos estados do Pará e Rondônia, já se assinala um aumento da complexidade e da violência ligada ao crime ambiental na região.

Sabemos que os delitos ambientais na Amazônia são cometidos por estruturas organizadas, que por sua vez perpetram crimes que chamamos "delitos de suporte", como fraudes tributárias, financeiras, em sistemas de controle, e também crimes violentos. Essa gama de delitos ocorre para garantir e proteger os esquemas e o próprio sucesso da delinquência ambiental, que é o epicentro da criminalidade, por conta da sua enorme lucratividade.

O derrame de armas de fogo que estaria sendo promovido pelo governo federal provocou a associação de grupos criminosos violentos com as organizações criminosas dedicadas à delinquência ambiental. E esses últimos, por sua vez, já contavam com o apoio político da criminalidade institucionalizada. O panorama que se descortina é alarmante, pois esse encontro e a potencialização de grupos criminosos criou uma espécie de faroeste, de terra sem lei, na região.

Estamos assistindo, à vista disto, a improvável associação entre o crime organizado e a delinquência institucionalizada, catalisado e centralizado pelos esquemas da criminalidade ambiental. Desta forma, plataformas da criminalidade política — a corrupção institucionalizada —, convivem, na mesma empreitada delituosa dos crimes ambientais, com matadores de aluguel, jagunços e traficantes.

O crime ambiental aparentemente conseguiu o que o tráfico de drogas nunca logrou, que é centralizar a corrupção sistêmica do crime institucionalizado com a criminalidade violenta. A razão é simples: as penas e punições previstas para o tráfico de drogas são altíssimas e consolidadas, enquanto são pífias para os crimes ambientais. Os políticos, fraudadores e criminosos do colarinho-branco, com raras exceções, preferem, via de regra, passar ao largo de esquemas que envolvem tráfico de drogas.

E por detrás dessa situação de terra arrasada, há um governo repleto de supostos "patriotas", militares da ativa e da reserva. Enquanto isso, o setor de armas e munições comemora seu grande momento de vendas e lucros... Como disse o escritor britânico Samuel Johnson: "O patriotismo é o último refúgio dos canalhas".

Ademais, a percepção que tive em relação à tolerância do pensamento militar com atividades que degradam o meio ambiente seguiu sedimentando-se durante a minha vida inteira. Exemplos não faltaram ao longo do tempo: da crise dos arrozeiros em Roraima nos idos de 2008 até a tragédia do meio ambiente do governo de Bolsonaro, cuja administração ambiental foi inundada de policiais militares e oficiais das Forças Armadas sem ligação direta com temas ambientais.

Um exemplo atual da situação são as sete autorizações concedidas, em dezembro de 2021, pelo general Augusto Heleno, ministro do Gabinete de Segurança Institucional (GSI), para projetos de mineração de ouro em uma das regiões mais preservadas do país, em São Gabriel da Cachoeira, na Cabeça do Cachorro, extremo noroeste do Amazonas, fronteira do Brasil com a Colômbia e a Venezuela. Nessa área encontram-se o Parque Nacional do Pico da Neblina e algumas terras indígenas. Segundo matéria da *Folha de S. Paulo*, em 5 de dezembro de 2021, a região onde as permissões de pesquisas foram concedidas abrigam 23 etnias indígenas. Esses projetos na região de São Gabriel da Cachoeira representam uma área de 12,7 mil hectares, e seis desses empreendimentos ocorrem em "terras da União".

O general Heleno, que teria extrapolado ao expedir essas concessões de pesquisa, é considerado um dos principais conselheiros de Bolsonaro e é secretário-executivo do Conselho de Defesa, órgão consultivo do presidente da República em temas de soberania e defesa.

Infelizmente, podemos estar testemunhando o início do processo de degradação de uma das áreas mais protegidas e intocadas da nossa floresta. Talvez, com esse derrame de autorizações, Augusto Heleno esteja simplesmente atuando conforme a velha cartilha de Golbery.

Muito mais do que a disseminação de pontos de lavra de minerais, o papel do Estado, ao contrário do que vem sendo feito atualmente, é se impor como elemento de afirmação de nossa soberania sobre a região. E não com incursões esporádicas ou realizando megaoperações sazonais, mas com o estabelecimento de bases e unidades permanentes na Amazônia, principalmente do Exército, para facilitar ações conjuntas com o Ibama e a Polícia Federal em repressão aos crimes ambientais

A presença do Exército na Amazônia configura-se em importante elemento de integração. As transferências de unidades estabelecidas nas regiões Sul e Sudeste, a exemplo da Segunda Brigada de Infantaria Motorizada de Niterói — que ficava em região extremamente populosa no estado do Rio de Janeiro e foi realocada para São Gabriel da Cachoeira —, são iniciativas de relevo. As medidas em questão, muito embora louváveis, não são suficientes para atender a vastíssima área.

Se é a própria doutrina militar que estabelece que a soberania do país estaria garantida ao "inundarmos de civilização a hileia amazônica", faria sentido, então, que o Exército iniciasse a paulatina transferência de grande parte de suas inúmeras unidades, muitas das quais se encontram estabelecidas ao longo do litoral das regiões Sul, Sudeste e Nordeste, em áreas urbanas com grande densidade demográfica, cuja soberania encontra-se evidentemente consolidada.

Sobre esse assunto, o cientista político Jorge Zaverucha afirma no livro *FHC, Forças Armadas e Polícia* que: "Chama atenção a forte presença militar em áreas urbanas, embora a fonte de ameaça à soberania nacional esteja na Região Amazônica. Há um deslocamento muito lento de unidades militares para esta área. No Rio Janeiro, todavia, persistem grandes quantidades de unidades militares. Terminam sendo alvo de ataques de bandidos interessados em obter armas. Causam insegurança em vez de ofertarem segurança".

**

A propósito da necessidade da transferência paulatina de unidades do Exército no sentido sul—norte, observamos que o nosso ordenamento jurídico já vem se aperfeiçoando de forma a acomodar tal projeto. A missão das Forças Armadas, desde a Constituição Federal de 1988, vem ganhando cada vez mais relevância e tração nesse sentido, por conta de diversas inovações legislativas que alargam o seu engajamento em diversas questões, entre elas o enfrentamento aos crimes ambientais, mormente na Amazônia.

Tivemos uma sequência de leis complementares que concederam ao Exército o poder de polícia para atuar e cooperar com outros órgãos na forma de apoio logístico, de inteligência, de comunicações e de instrução, em repressão aos delitos ambientais, inclusive estendendo esse poder de ação às faixas de fronteira na Região Amazônica.

Entre as mais relevantes encontram-se as leis complementares 97 de 1999, 117 de 2004 e 136 de 2010. As mudanças trazidas por esses diplomas também contemplaram Marinha e Força Aérea brasileiras com o mesmo poder de polícia.

Enfim, muito melhor do que garantir nossa soberania sobre a Amazônia "inundando-a" com a atuação desordenada de garimpeiros, grileiros, madeireiros e de outras atividades que degradam o meio ambiente, seria se o nosso Exército aumentasse exponencialmente a sua presença na região.

Por tais motivos, e principalmente pelo fato de que todos esses retrocessos na área ambiental vêm ocorrendo em um governo que tem como chefe um capitão reformado, e no qual predominam generais de Exército em inúmeros cargos civis, inclusive no Planalto, é fácil concluir que aquela visão retrógrada da "cobiça internacional" segue persistindo em alguns setores das nossas forças.

E o pior: muitos desses absurdos, que são postos em prática na gestão ambiental de Bolsonaro, acabarão na conta do próprio Exército. O desfecho disso será que a memória dessa coleção de fracassos em temas de meio ambiente, principalmente nas crises envolvendo a degradação da Amazônia, resvalará na imagem das nossas forças terrestres, personificado ali pelo grupo de generais palacianos e pelo próprio presidente.

Caberia, entre outras medidas, a criação de uma grande agenda para inventariar a biodiversidade amazônica — buscando-se conhecer cada uma das formas de vida existentes na região, com foco no aprofundamento acerca de suas potencialidades para pesquisa em biotecnologia. Cabe aqui lembrar que para Euclides da Cunha, a relação entre o homem e a Amazônia se consubstanciaria em uma "guerra de mil anos contra o desconhecido". Para o escritor, a "definição dos últimos aspectos da Amazônia será o fecho de toda a história natural".

**

Durante o período em que estive na ESG, meu amigo e colega Paulo de Tarso, com quem já trabalhara em um rumoroso caso de investigação internacional, me substituiu no comando da DMAPH. Paulo era extremamente preparado e nos dávamos muito bem. Sua capacidade técnica e seu conhecimento jurídico supriram a falta de experiência que ele tinha na área de repressão aos crimes ambientais. Trabalhamos juntos um período antes de minha partida para o Rio de Janeiro, e a nossa equipe o recepcionou muito bem.

Na minha saída da DMAPH, aliás, ocorreu algo que nunca havia testemunhado antes na Polícia Federal. Paulo de Tarso me disse que ficaria no meu lugar somente durante o período do meu curso e que gostaria que eu voltasse e assumisse novamente a divisão. Eu disse a ele que não, que ele deveria seguir no comando da área ambiental, independentemente de meu retorno à Brasília. Falei, brincando, que "quem vai ao ar, perde o lugar", mas, ao voltar, no início de 2006, Paulo saiu e me cedeu a DMAPH. Ele havia se entendido com o diretor-executivo da PF, dr. Zulmar, e foi assumir outra missão, abrindo espaço para que eu reassumisse a divisão. Foi tudo bem costurado e fiquei obviamente muito feliz, principalmente porque todos ficaram satisfeitos com a solução. Paulo fez um excelente trabalho na minha ausência, principalmente no ano de 2005, quando foi deflagrada uma das maiores operações repressivas da história da PF, a Operação Caipora, que prendeu quase cem alvos. Ele gostou tanto de meio ambiente que o seu trabalho no Curso Superior de Polícia foi sobre biopirataria, aliás, um trabalho que de tão qualificado foi editado pela Academia Nacional de Polícia.

CAPÍTULO 6

O ANO DE OURO DA DMAPH

Meu último ano à frente da DMAPH representou a maioridade da divisão e o início de grandes resultados. O padrão de trabalho que tínhamos em 2006, auge da era das grandes operações da Polícia Federal, era centralizado, mas bem interessante. Podia ter lá suas falhas e vulnerabilidades, mas deu muito certo e foi a base e a plataforma para o grande momento vivido pela PF nos quase 15 anos que se seguiram. Operações como Lava Jato, Greenfield e Zelotes tiveram seus conceitos gestados nessa época e não teriam ocorrido sem esse período de amadurecimento profissional e de desenvolvimento de doutrinas para a realização das grandes operações.

O modelo, desenvolvido pelo *big boss* Zulmar Pimentel, número dois na hierarquia da PF, incentivava que delegados no Brasil inteiro observassem as suas cargas de inquéritos com um olhar seletivo e de afiada produtividade. Os delegados assinalavam, entre as centenas de investigações que tinham sob suas responsabilidades, aquelas que tratavam de fatos — crimes — com alta complexidade, mais graves e desenvolvidos sob a ótica da delinquência organizada, com alvos mais poderosos e que causavam maiores prejuízos ao erário. Era uma visão ambiciosa que foi possível de ser colocada em prática por conta dos inúmeros fatores práticos e históricos que convergiram para viabilizá-la.

O formato era peculiar. O superintendente regional da PF viajava até Brasília trazendo a tiracolo o delegado que conduzia as investigações. A ele se juntavam o chefe da unidade de coordenação e controle da área encarregada da operação.

Foi em uma dessas reuniões que conheci o delegado Alexandre Saraiva. Já tinha ouvido seu nome quando cheguei em Brasília, depois do ano em que cursei a ESG. A delegada Valquíria Teixeira, que estava à frente da Coordenação de Repressão aos Crimes Fazendários, à qual a DMAPH estava subordinada, tinha me recebido muito bem e logo me contou que havia um jovem colega do Rio de Janeiro pilotando um trabalho investigativo de grande potencial na área ambiental. Ela tinha aguardado o meu retorno para que eu me engajasse na coordenação do serviço que o tal delegado estava desenvolvendo.

Saraiva me explicou com detalhes a investigação, iniciada em julho de 2005, por conta de uma denúncia de um servidor público do Ibama, a qual relatava irregularidades cometidas na Reserva Biológica do Tinguá, região abrangida pela unidade onde Saraiva estava lotado.

Ele falava com muita vibração e segurança. Era um inquérito nos moldes do que preconizava o dr. Zulmar. Havia um enorme grupo de servidores do Ibama envolvidos e alguns empresários também. A organização criminosa que ele alvejava agia em um esquema organizado, com corrupção e lucros altos. O prejuízo era grande para o meio ambiente, pois a área atingida era a Mata Atlântica, o mais desgastado de todos os biomas brasileiros.

O entusiasmo dele foi contagiante. A investigação era arrojada, com interceptação telefônica de muitos alvos, e havia algo bem interessante: escutas ambientais no interior das viaturas do Ibama que eram utilizadas pelos servidores que estavam envolvidos nos esquemas.

Alexandre Saraiva apresentou a operação ao dr. Zulmar. A apresentação do jovem delegado, na qual eu, dr. Teixeira e a dra. Valquíria estávamos presentes, foi arrebatadora. Dr. Zulmar, como eu previra, gostou de cara tanto do trabalho como do próprio delegado. O resultado da reunião foi a promessa de apoio total de Brasília, prometido pelo próprio dr. Zulmar. E eu ficaria, a partir dali, encarregado desse suporte.

Saraiva retornou ao Rio e seguiu desenvolvendo o seu trabalho na delegacia de Nova Iguaçu. Enquanto isso, eu tocava o meu dia a dia da DMAPH e ia conversando quase que diariamente com ele.

A operação, por fim, foi deflagrada no dia 30 de agosto de 2006. No dia anterior, viajei ao Rio para, com o Saraiva, acompanhar da Missão Suporte (uma área reservada onde as interceptações eram operadas) as primeiras prisões da Operação Euterpe. Naquela época, o dr. Zulmar costumava enviar um servidor da Diretoria-Executiva para registrar em vídeo e fotografia o *making of* das nossas grandes operações, principalmente os *briefings* e os momentos que antecediam a saída dos policiais para cumprirem os mandados. Até hoje há registro em VHS das nossas últimas reuniões e da nossa euforia, registradas nas dependências da Missão Suporte nos momentos que antecederam à operação.

Euterpe é o nome científico da planta do palmito encontrada na Mata Atlântica da região de Angra dos Reis, área onde Saraiva focou grande parte da investigação. A Operação Euterpe teve um resultado extremamente impactante: 32 pessoas presas, sendo que, entre elas, 25 servidores públicos federais do Ibama. Se levarmos em conta o número de funcionários do Ibama lotados na superintendência do Rio, podemos considerar que o delegado Saraiva quase fechou a representação daquele instituto na capital carioca, pois foram aproximadamente 30% do seu efetivo estadual foram alvo da operação.

A ministra do Meio Ambiente Marina Silva e o presidente do Ibama Marcus Barros foram para o Rio de Janeiro acompanhar de perto a ação da Polícia Federal, que foi considerada na época a mais expressiva operação deflagrada pela PF fora da Região Amazônica. Marina e Barros também participaram da coletiva de imprensa. A presença da ministra foi importante para evidenciar que o Ministério do Meio Ambiente apoiava as nossas ações.

Saraiva conseguiu amealhar evidências de que servidores públicos federais, responsáveis pela fiscalização do Ibama, extorquiam empresários dos ramos industrial, comercial e imobiliário. As investigações ainda mostraram que esses fiscais vendiam pareceres técnicos favoráveis a empreendimentos localizados em áreas de proteção ambiental. Essa mesma quadrilha recebia propina por conta da pesca de sardinha e camarão, operadas ilegalmente no período do defeso — época de procriação de tais espécies marinhas. Era como uma "clínica geral" da corrupção ambiental, tanto é que o Ministério Público Federal ofereceu denúncia contra 49 alvos do inquérito conduzido por Alexandre Saraiva.

A Euterpe foi a décima segunda grande operação que a Polícia Federal realizou em conjunto com o Ibama, numa sequência que se iniciou em 2003, exatamente com a criação das DELEMAPHs e com a entrada de Marina Silva na pasta do Meio Ambiente. Todas essas operações tinham em comum o combate à corrupção de servidores públicos, e a PF acabava funcionando como vetor de desmonte de quadrilhas especializadas no cometimento de crimes ambientais. A Marina Silva foi uma ótima parceira e grande apoiadora desse combate à corrupção de servidores da área ambiental.

Uma operação que prende 30% dos servidores do Ibama em um único estado passa, irremediavelmente, a impressão, para a sociedade como um todo, de que a administração ambiental federal naquela unidade da Federação estava totalmente corrompida, e que aqueles servidores do Ibama não faziam outra coisa senão usarem as suas atividades de fiscalização para enriquecer ilegalmente, com a necessária participação de empresários inescrupulosos.

Quando agentes públicos mercadejam criminosamente com empresários que fraudam licitações ou os sistemas financeiro e previdenciário, há um grande prejuízo para os cofres públicos. Tal erário, na maioria das vezes, pode ser superado com a posterior adoção de medidas administrativas saneadoras, a própria atividade arrecadadora e o crescimento da economia, por exemplo que, em tese, reporão paulatinamente os recursos desviados.

Se a corrupção envolve a administração ambiental, no entanto, como descortinou a Operação Euterpe, a reparação dos danos é praticamente impossível. Como já dissemos inúmeras vezes, a Amazônia, a Mata Atlântica, os recursos pesqueiros e a biodiversidade, bens maiores da nação brasileira, uma vez perdidos ou esquartejados, estarão irremediavelmente comprometidos. A corrupção ambiental alveja o que o Brasil tem de mais precioso.

A Operação Euterpe não foi a única grande ação da Polícia Federal no ano de 2006. Tivemos uma bela sequência de megaoperações, realizadas principalmente na Região Amazônica. Foi um ano de ouro da DMAPH, ao menos no que tange à sua primeira década de existência. A atuação da Polícia Federal — por intermédio da DMAPH e suas DELEMAPHs — foi considerada instrumental para a retração registrada na criminalidade ambiental que agia sobre a Amazônia, e fomos apontados como atores relevantes e centrais para a queda do desmatamento assinalada no final daquele mesmo ano.

Merecem especial registro, no tocante a esses bons resultados, a Operação Isaías, levada a efeito no Amapá pelo delegado Luís Carlos Nóbrega; a Operação Novo Empate, realizada no Acre pela delegada Claudia Braga; e a Operação Daniel na Cova dos Leões, deflagrada em Rondônia pelo delegado Janderlyer de Lima.

**

OPERAÇÃO ISAÍAS

A Operação Isaías foi realizada por um dos mais competentes chefes de DELEMAPH daquele período, o delegado Luiz Carlos Nóbrega. Ele promoveu uma investigação longa, que consumiu tempo por conta de sua construção, a qual fugiu de métodos mais usuais, prescindindo de interceptações telefônicas e quebras de sigilo, embora tivesse montado um setor com mobiliário e equipamentos de última geração para operar interceptações telefônicas e telemáticas. Visitei Macapá algumas semanas antes da deflagração da operação e testemunhei que Luiz Carlos era daqueles colegas que trabalhavam com gosto e idealismo.

Ao longo do tempo em que passou no Amapá, por conta da grande carga de trabalho que recebeu, das inúmeras situações de flagrantes que presidiu e de constantes atuações em barreiras em uma região onde o cotidiano do trabalho não oferece distinção entre dia de semana e fim de semana, Luiz Carlos ficou "cascudo" e desenvolveu acuradas técnicas de entrevista e interrogatório, que aplicou com sucesso na condução dos inquéritos da operação. Assim, ele conduziu uma investigação "analógica", produzindo um grande cruzamento de dados com o auxílio de dois procuradores federais que foram enviados a Macapá pelo Ibama. Um deles era Curt Trennepohl que, posteriormente, em 2011, foi nomeado presidente do Ibama e é considerado um dos maiores conhecedores da legislação ambiental no país. Esses dois procuradores auxiliaram Luiz Carlos a promover uma minuciosa análise da documentação e de ATPF's (Autorização para Transporte de Produtos Florestais) falsas. Construindo um grande quadro, Luiz Carlos e sua equipe compararam e cruzaram dados de aproximadamente 50 inquéritos policiais pré-existentes, levantando fraudes de empresa por empresa, assinalando elos suspeitos entre as madeireiras, registrando assim diversas modalidades de estelionato e formando a convicção de que todas atuavam com relativa conexão e de forma sistêmica, o que acarretou no agravamento da incriminação dos alvos com o delito de formação de quadrilha, que era o tipo penal então utilizado.

A Isaías promoveu grande impacto econômico nas quadrilhas que agiam na região e apreendeu uma carga gigantesca. Segundo cálculos oficiais da operação, a quantidade de madeira ilegal apreendida pela ação da PF, se colocada em caminhões enfileirados, cobriria a distância entre as cidades do Rio de Janeiro e São Paulo. Foram expedidos 54 mandados de prisão, e entre os alvos havia dezesseis servidores do Ibama no Amapá. A operação atingiu os estados do Amapá, Pará, Santa Catarina e São Paulo e foi considerada a segunda maior da história na área de repressão aos crimes ambientais, quando de sua realização. A operação do delegado Luiz

Carlos ganhou grande espaço de cobertura nacional em jornais e televisão. Foi uma das últimas ações que antecederam à migração do sistema de ATPF para o DOF (Documento de Origem Florestal), que eram, respectivamente, controles em papel e em meio digital. A passagem para o sistema DOF representou um grande avanço, mas não impediu, de forma alguma, que as fraudes na atividade madeireira continuassem a ocorrer.

OPERAÇÃO NOVO EMPATE

No início de 2006, recebemos, entre vários pedidos de investigação, demandas de atuação repressiva especial sobre esquemas de fraudes em Autorizações para Transporte de Produtos Florestais (ATPF's), que ocorriam em profusão nos estados do Amapá, Acre, Rondônia e Pará. Havia — como ainda há — muitas ilegalidades no mundo do comércio da madeira.

Para tratar dos esquemas em curso no Acre e Pará, promovemos uma única reunião na sede da Polícia Federal em Brasília, para a qual trouxemos os dois superintendentes dos respectivos estados e os delegados Claudia Braga, da DELEMAPH de Pernambuco, e Janderlyer de Lima, da DELEMAPH de Rondônia.

A princípio, foi definido que Janderlyer iria para o Acre e Claudia para o Pará. Os dois eram excelentes autoridades policiais e igualmente preparados na parte técnica. O fato é que, iniciada a reunião, a dra. Valquíria, coordenadora-geral da Fazendária, minha chefe, decidiu por bem trocar os destinos dos dois delegados e mandou Claudia Braga para o Acre e Janderlyer para o Pará, onde este deu apoio à delegada Daniele Gossenheimer, uma das mais dedicadas chefes de DELEMAPH, que com uma equipe que contava apenas com um escrivão e dois agentes federais tinha instalado os trabalhos no mais complicado dos estados da Federação. Essa decisão da dra. Valquíria mudou a vida da delegada Claudia Braga.

O Acre era o estado da então ministra do Meio Ambiente Marina Silva, que nos passava a clara impressão de querer ver as coisas funcionando bem na sua pasta, especialmente no que dizia respeito à diminuição do desmatamento e das queimadas que ocorriam na Amazônia. Marina veio da floresta e trazia a floresta com ela. Tinha de fato uma vocação tremenda para as questões que envolviam meio ambiente e sustentabilidade. Ela sempre nos impressionou muito positivamente, pois colocava a proteção a natureza no mais alto patamar das suas prioridades, e isso é realmente o que podíamos esperar de um ministro do Meio Ambiente.

A delegada Claudia Braga chegou a Boa Vista, capital do Acre, e recebeu, para começar as investigações, uma sala de trabalho, quatro caixas repletas de ATPF's, além de um ofício que as encaminhava. De meu pequeno gabinete em Brasília, conversava esporadicamente com Claudia, por telefone, sempre a pedido do dr. Zulmar, que acompanhava com especial interesse as nossas ações no Norte do país. Fui ao Acre uma vez durante as investigações para uma visita de apoio institucional. Claudia formalizava muito bem as medidas que tomava no inquérito. Como eu tinha, pelo tempo de polícia e idade, mais experiência que a maioria daqueles chefes de DELEMAPH, acabava fazendo um trabalho de supervisão e aconselhamento, que é de fato a missão de um chefe de órgão de coordenação e controle.

Claudia havia feito um grande esforço para sair do chão, para decolar com a investigação. Ela encontrou muito pouco material para calçar o inquérito. Chegou a me confessar que quase se desesperou, até começar a compreender como poderia avançar. Mas teve frieza e adotou medidas acertadas de "gestão de investigação" e acabou obtendo êxito.

O primeiro problema a ser solucionado para sair da estaca zero em que Claudia estava foi a montagem da equipe. Não havia equipe na DELEMAPH de Boa Vista além do delegado chefe, que estava em missão interminável no interior, em Cruzeiro do Sul. Claudia tentou convocar bons analistas. Contactou agentes do núcleo de inteligência em Recife. Não obteve êxito. A triste realidade é que não é nada fácil conseguir voluntários para missões em alguns estados da Região Amazônica. Montada, com muito esforço, a sua pequena equipe, Claudia percorreu uma longa estrada para entender o esquema, assinalar as empresas que estavam envolvidas e ainda perceber quais os planos de manejo eram utilizados pelos esquemas criminosos. Todo esse trabalho foi planilhado com Excel, sem ajuda dos modernos softwares hoje disponíveis para auxiliar na análise de dados operacionais.

Esse inquérito, em particular, foi pioneiro na utilização de dados de georeferenciamento, um caso clássico de tecnologia aplicada à investigação criminal ambiental. Claudia percebera que havia uma grande quantidade de documentos florestais sendo expedidos pelo Acre, oriundos de planos de manejo autorizados pelo governo local, isto é, emitidos pela autoridade ambiental do estado. A partir do acesso às imagens de satélite, a equipe de Claudia conseguiu confirmar e demonstrar que aquela quantidade de madeira não poderia ter realmente saído do Acre, pois os registros dos satélites produzidos ao longo dos últimos cinco anos, um detalhado mapeamento da região, demonstravam de forma inequívoca que o desmatamento no estado, na verdade, tinha caído vertiginosamente. Havia, dessa forma, um flagrante desencontro de informações entre o que a imagem de satélite afirmava e o que os documentos florestais mostravam.

A Polícia Federal, então, começou a desconfiar de que a madeira saía de Rondônia, pois naquele estado, ao contrário do Acre, não havia planos de manejo e as imagens de satélites apontavam para um aumento crescente do desmatamento, especialmente na área de Nova Mamoré. Claudia matara a charada: os documentos expedidos no Acre eram forjados, e estavam servindo para esquentar madeira derrubada criminosamente em Rondônia.

Quando a investigação amadureceu, com interceptações funcionando de vento em popa, Claudia foi chamada a Brasília para apresentar o projeto da operação repressiva, o que incluía as possíveis prisões e buscas dos alvos. Isso deveria ser feito para a instrução do inquérito, necessária para dar início ao processo que autorizava as megaoperações, conforme os padrões introduzidos pela administração do dr. Paulo Lacerda e Zulmar Pimentel.

Claudia chegou à Diretoria-Executiva, onde fez uma detalhada apresentação. Discorreu sobre o que amealhara de evidências, do esquema alvejado, alvos e das conexões existentes entre eles. O nome inicialmente proposto para a operação era Macunaíma, mas o dr. Zulmar mudou, argumentando que a operação acabaria funcionando como uma reedição do "Empate", o célebre movimento do ambientalista Chico Mendes, e propôs nomeá-la "Novo Empate", o que obviamente foi muito bem aceito por Marina Silva, que acompanhava à distância o trabalho da Polícia Federal.

A operação foi deflagrada às vésperas da abertura da Copa do Mundo da Alemanha. Claudia teve à sua disposição, para deflagração da operação, 300 policiais federais. A Novo Empate atuou com foco nos estados do Acre e de Rondônia e contou com desdobramentos no Amazonas, São Paulo e Mato Grosso, devido a algumas ramificações das quadrilhas investigadas. Foram presos 30 alvos, entre eles três funcionários do Ibama no Acre e um do Instituto do Meio Ambiente daquele mesmo estado. Posteriormente, mais quatro outros envolvidos foram detidos. Foram igualmente cumpridos 72 mandados de busca e apreensão, compreendendo tanto a busca de documentos em escritórios de empresas quanto a apreensão de madeira propriamente dita. A Novo Empate foi a nona operação desse tipo realizada pela PF desde 2003 e com o recorrente objetivo de desarticular máfias que cometiam crimes ambientais no país, sobretudo de desmatamento. A ministra do Meio Ambiente, Marina Silva, comentando a operação, disse que, em 2006, estava sendo observada uma redução de 31% do desmatamento em relação ao registrado no ano anterior graças a ações como aquela.

OPERAÇÃO DANIEL NA COVA DOS LEÕES

O delegado Janderlyer de Lima, coincidentemente, foi a autoridade policial que recebeu a incumbência de elaborar o planejamento operacional da perna da Novo Empate em Rondônia, onde chefiava a DELEMAPH local. Janderlyer também se encarregou de executar a batida cumprindo as ordens de prisão e as buscas que foram provocadas por Claudia no Acre.

O trabalho do delegado Janderlyer, contudo, ia muito além do cumprimento de pernas de operações policiais de inquéritos presididos por outros colegas. Mesmo em meio a tantas demandas de outros estados da região Norte, ele esteve à frente de uma operação com ingredientes inovadores e quase cinematográficos, considerada um dos mais expressivos marcos desse período: a operação Daniel na Cova dos Leões. A ação recebeu esse nome em alusão à passagem bíblica que conta sobre o profeta Daniel, jogado em uma cova para ser devorado por leões famintos e que saiu ileso.

A operação teve como pivô um jovem servidor do Ibama, cujo nome ficou, durante muito tempo, por razões de segurança, fora de relatórios e desconhecido da mídia, mas que merece ser lembrado e honrado: Francisco Chen de Araujo Braga. Chen, como era chamado, tinha acabado de ser admitido em concurso público para o cargo de analista ambiental e fazia parte de uma geração de servidores do Ibama que ajudaram a transformar positivamente o órgão. Esse cargo foi proposto no início do novo século, e sua criação foi uma iniciativa que merece muitos louvores. A primeira leva de analistas ambientais promoveu um verdadeiro choque de profissionalismo e mudanças naquele instituto.

Chen havia procurado a nossa unidade em Ji-Paraná (RO) para denunciar que estava sendo, inicialmente, vítima de ameaças de empresários do ramo madeireiro, os quais pressionavam para fraudar o sistema em proveito dos grupos criminosos que atuavam naquele estado. Como as ameaças não funcionaram, os madeireiros acabaram evoluindo a ofertas de polpudas quantias em propina para que Chen os favorecesse, fraudando a administração ambiental. Não eram apenas corruptos, mas extremamente abusados e desrespeitosos e não conseguiam entender nem admitir a existência de alguém honesto que pudesse atrapalhar o curso histórico, manso e tranquilo do cometimento dos seus malfeitos.

Foi exatamente nesse momento em que fomos procurados. O superintendente da Polícia Federal em Rondônia, Joaquim Mesquita, meu companheiro de alojamento na Academia de Polícia durante nossa formação em 1995, determinou que o delegado Janderlyer, na condição de chefe da DELEMAPH, se deslocasse para Ji-Paraná por conta dessa situação extremamente delicada.

Muito embora não contássemos ainda com um arcabouço legal que viabilizasse, no Brasil, a realização de colaboração e a infiltração, Janderlyer desenvolveu e conseguiu convencer o juiz federal do inquérito de que seria possível desenvolver um trabalho inovador com a figura de um "agente colaborador". O membro do Ministério Público Federal que participava no caso também aquiesceu. A Justiça, então, autorizou diversas interceptações telefônicas e gravações ambientais, e os trabalhos foram iniciados.

Conforme os corruptores iam pagando as propinas a Chen, a investigação registrava as provas em vídeo e, enquanto isso, as quantias em dinheiro eram depositadas em uma conta corrente especial, que a Justiça Federal abrira exclusivamente para esse fim. Os encontros eram todos marcados no pequeno cômodo em que Chen morava.

Um dia antes da deflagração da operação, os criminosos ainda o presentearam com um Ford Ranger. Durante o curso da "infiltração", Chen só não podia de fato destruir as ATPF. O que ele fazia, na frente dos seus corruptores, era tão somente simular a destruição dos documentos. Foi de fato uma ação nos moldes das mais audaciosas investigações antimáfia levadas a efeito nos Estados Unidos pelo FBI.

No dia 5 de setembro de 2006, a Polícia Federal saiu cedo às ruas para cumprir 58 mandados de prisão temporária e 63 mandados de busca e apreensão da operação conduzida pelo delegado Janderlyer, todos em endereços localizados nos estados de Rondônia e Mato Grosso. A ação engajou cerca de 250 policiais federais, além de um grupo de servidores do Ibama. Nesse caso, além das arrojadas medidas investigativas do próprio inquérito, titularizados por Janderlyer, ainda tivemos uma ação repressiva que logrou atingir, de forma sistêmica, todos os atores e personagens daquele tipo específico de estrutura criminosa, fechando totalmente o círculo vicioso de delitos que funcionava sobre aquela unidade do Ibama. Fisgamos os fiscais corruptos, os empresários que os corrompiam, os policiais rodoviários federais que lhes davam cobertura e segurança, os contadores e advogados que prestavam apoio contábil e jurídico aos esquemas e, ainda, dois gestores públicos, um coordenador técnico da Secretaria de Desenvolvimento Ambiental de Rondônia e um ex-superintendente do Ibama no estado. Este último, inclusive, estava se transferindo da estrutura federal para o estado de Rondônia para acompanhar a migração do sistema das ATPF para DOF.

Na coletiva de imprensa que se seguiu à realização das nossas ações repressivas, a ministra Marina Silva noticiou que estava determinando uma série de medidas internas de enfrentamento à corrupção no Ibama e aproveitou ainda para anunciar a contratação de 1,4 mil novos funcionários por concurso público.

Não seria exagero se concluíssemos que nesse período em especial, com uma sequência de meia dúzia de grandes operações repressivas, a Polícia Federal catalisou, por intermédio da DMAPH, algumas das principais transformações pelas quais o Ibama passou.

O ministério do Meio Ambiente e a administração do Ibama certamente tiravam conclusões e faziam reflexões a partir das muitas vulnerabilidades que eram descortinadas por nossas operações. Projetos, como a passagem do sistema analógico das ATPF's para o sistema digitalizado DOF, com a migração da gestão e fiscalização do nível federal para o estadual, assim como o fim da administração das unidades de conservação federais no âmbito do Ibama — com a consequente criação de um novo órgão autônomo, o ICMBio, para exercer essa função —, certamente foram impactados por aquele período de ações conjuntas que castigaram servidores do órgão, corrompidos por esquemas fraudulentos das madeireiras e de empresários desonestos.

**

Em 2006 tivemos mais de meia dúzia de operações importantíssimas, sem falar nos projetos e programas que elaborávamos e colocávamos em prática, tanto na DMAPH como nas DELEMAPHs.

Essa perfomance não passou desapercebida: em novembro de 2006, em uma cerimônia na House of Commons, no Parlamento Britânico, em Londres, a Polícia Federal foi contemplada com o Green Apple Award.

No meio do ano, a dra. Valquíria tinha enviado o meu nome para o Green Apple Awards, me indicando para a premiação, promovida pela Green Apple e pelo Parlamento Britânico e concedida às pessoas que mais colaboram globalmente para a defesa e proteção do meio ambiente. Dra. Valquíria me avisou eufórica que eu era o vencedor da comenda, a ser entregue em Londres, no início de novembro, mais precisamente numa cerimônia pomposa no Churchill Room, na House of Commons. A entrega da placa seria precedida por um almoço com um grupo de parlamentares ingleses e outros agraciados, oriundos de várias partes do globo.

Como eu já era razoavelmente amadurecido profissionalmente, tomei o cuidado "estratégico" de ligar para os organizadores do Green Apple e solicitar que mudassem o nome do agraciado de Jorge Barbosa Pontes para Departamento de Polícia Federal. Tinha acabado de ser promovido à classe especial, topo da carreira de delegado, e meu desejo de ir a Londres receber o prêmio era definitivamente bem maior do que a vaidade de deixar meu nome naquela placa como premiado. Eu já sabia muito bem que a Polícia Federal histórica e culturalmente não aprovava convites, homenagens e menções personificadas ou direcionadas a um único policial. Até porque, a bem da verdade, eu só ganhara o prêmio em razão da minha função como policial federal. O documento com o nome da PF como premiada chegou em meia hora ao meu e-mail. Valquíria, então, o encaminhou à Assessoria de Relações Internacionais, ligada ao gabinete do diretor-geral da Polícia Federal que, para minha surpresa e profunda frustração, indeferiu minha ida a Londres, alegando que os gastos com aquela viagem poderiam não ser aceitos pelo Tribunal de Contas da União e que a missão acabaria dando dores de cabeça ao nosso diretor. Essa missão só poderia acontecer se aparecesse alguma outra viagem para Londres na mesma data. O que era uma coincidência realmente difícil, mas às vezes o impossível acontece.

Estava trabalhando em minha sala quando chega um documento do Ministério do Meio Ambiente me convocando para compor a delegação do Brasil na Conferência do Clima, que ocorreria na primeira semana de novembro, na sede das Nações Unidas em Nairobi, Quênia. Me animei bastante, pois sempre adorei viajar para a África, além de ter me sentido prestigiado pela ministra Marina Silva, por ela ter reconhecido que o tema do evento, o aquecimento global, havia sido de alguma forma impactado positivamente pelas ações da PF.

Passados uns dois dias, recebi uma ligação de um dos membros da comitiva, mais precisamente do diretor de Fauna do Ibama, que me informou que, na sequência da viagem a Nairobi, eu iria participar, a convite da nossa embaixada no Reino Unido, de uma reunião sobre fauna em Londres, e que ele gostaria que eu também fizesse uma apresentação dos projetos que existiam na DMAPH no tocante à repressão aos crimes contra a fauna. O impossível acontecera. Pedi que ele me encaminhasse por escrito o convite. Quando chegou a mensagem, vi que minha palestra em Londres seria na parte da manhã, exatamente na mesma data da cerimônia de premiação do Green Apple, que ocorreria de tarde. Dando uma olhada no mapa, para meu espanto, percebi que o endereço da palestra ficava a menos de três quadras do Parlamento, onde seria a premiação, em uma distância de não menos de cinco minutos de caminhada. Parece que a agenda dos eventos tinha sido feita pela mesma pessoa, pois os compromissos não se sobrepunham, muito pelo contrário.

Estive em Nairobi com a comitiva, onde acompanhei de perto a Conferência do Clima. Fizemos conexão em Joanesburgo, na África do Sul, o que nos fez chegar ao Quênia vindos do sul. Acordei quando o avião se aproximava do espaço aéreo queniano. Olhei para baixo pela janela da aeronave e me surpreendi. A visão que tive era de sonho: estávamos passando exatamente sobre o cume do Kilimanjaro, e pude ver, por entre nuvens esparsas, a calota de gelo eterno, mas minguante, que cobre aquela montanha mítica. O Kilimanjaro é um símbolo da Tanzânia e, mais ainda, da própria África. Hoje, o degelo galopante das suas "neves eternas" é um dos símbolos mais fortes da ameaça do aquecimento global, que era exatamente o tema da nossa reunião em Nairobi. Aquela visão majestosa me pareceu uma bela mensagem, como se o nosso combate ao desmatamento na Amazônia pudesse ter alguma relação de causa e efeito com aquelas neves.

Foram três dias produtivos na cúpula do clima. Aproveitei para visitar a Polícia Ambiental do Quênia, que fica em uma reserva próxima de Nairobi. De lá, fui para a Inglaterra. Participei da reunião sobre fauna e fui ao Parlamento receber o nosso prêmio. Passei três noites em Londres. Antes de sair do Brasil, havia ligado para Ray Tyler, UK Drug Liason Officer (oficial de ligação do Reino Unido para assuntos de entorpecentes), da embaixada britânica em Brasília, que me reservou acomodações em uma das *section houses* que a Scotland Yard mantém espalhadas pela cidade, muito baratas e usadas para o pernoite em deslocamento ou em missões pelo centro de Londres. Foi tudo perfeito.

E, por uma dessas felizes coincidências, o embaixador do Brasil no Reino Unido, que recepcionou muito bem a apresentação dos nossos projetos de repressão aos crimes contra a fauna, era nada mais, nada menos do que José Maurício Bustani, que seria nomeado embaixador do Brasil na França e, assim, meu chefe imediato quando assumi o comando do escritório da PF em Paris anos depois.

**

No retorno de Londres, dr. Zulmar me chamou para uma conversa. Disse que eu estava há bastante tempo na chefia de uma área específica, que havia me especializado demais e que corria o risco de me tornar um profissional monotemático. Eu gelei. Parecia que meu mundo começaria a desabar. Eu era totalmente apaixonado pelo que fazia e não estava em meus planos deixar um trabalho tão prazeroso. O diretor seguiu argumentando que eu não poderia ser um delegado "samba de uma nota só", me eternizando à frente da DMAPH, e que isso faria mal à minha carreira, que precisava de posições de gestão e comando em unidades maiores. Terminou dizendo que era hora de eu assumir uma Superintendência Regional. Em seguida, como que percorrendo um roteiro ensaiado, disse que pensava em me "dar" a chefia da unidade da PF no Amazonas, onde eu poderia seguir fazendo grandes trabalhos na área de repressão aos crimes ambientais e seria também uma forma de homenagear minha trajetória na polícia, pois eu iniciara a minha carreira como agente em Manaus nos anos de 1980.

Agradeci conforme o figurino, dizendo me sentir honrado com o convite. Mas expliquei que havia um empecilho quase que intransponível para que eu aceitasse. E expliquei: minha mulher nessa época, Adriana, estava grávida de meu filho caçula João Guilherme e acabara de ser promovida à procuradora regional da República, que é um cargo no Ministério Público Federal que só pode funcionar onde existem os Tribunais Regionais Federais, isto é, em Brasília, São Paulo, Rio de Janeiro, Recife e Porto Alegre. Enfim, se eu aceitasse ir para Manaus, ela definitivamente não poderia me acompanhar, pois não havia previsão de lotação de um procurador regional da República na capital amazonense.

Passados alguns dias, fui novamente chamado pelo diretor executivo. Dessa vez, a proposta era irrecusável: eu iria assumir a Superintendência da Polícia Federal em Recife, Pernambuco, que era um dos mais cobiçados postos da PF e onde havia a sede do Tribunal Regional Federal da 5ª Região.

Aceitei oficialmente no dia seguinte. Estava chegando ao final a minha longa permanência à frente da DMAPH, embora estivesse ainda bem longe de acabar o meu trabalho e suporte às atividades de repressão aos crimes ambientais.

CAPÍTULO 7

A ERA PÓS-DMAPH: MEIO AMBIENTE CONTINUA PRIORIDADE

Cheguei em Pernambuco e logo assumi a superintendência da Polícia Federal, cuja sede fica em Recife. Um dos meus maiores objetivos na nova função era montar uma delegacia padrão na área de repressão aos crimes ambientais. Afinal, eu tinha que fazer o que passei anos exigindo que outros superintendentes fizessem.

De imediato, percebi que a minha equipe, em Pernambuco, era muito boa. Moças e rapazes extremamente motivados e bem-preparados profissionalmente. Ainda tive a agradável surpresa de encontrar entre os delegados a dra. Claudia Braga. Mas essa alegria não durou mais do que 15 minutos. Claudia aproveitou a minha chegada para pedir uma remoção para sua cidade natal, Fortaleza. Apesar da unidade estar carente de delegados, não pude negar, e ela saiu logo nos meus primeiros dias de trabalho em Recife.

Por outro lado, percebi que a DELEMAPH local não era muito bem estabelecida e, com a saída de Claudia, ficou, ainda por cima, acéfala. Aproveitei que uma outra colega, a delegada Adriana Vasconcelos, estava pedindo para trocar de delegacia e a convidei para assumir a “nova” DELEMAPH.

Enquanto instalava a DELEMAPH em Recife, soube que Alexandre Saraiva estava desenvolvendo mais uma das suas investigações no Rio de Janeiro. Ele havia finalmente realizado o antigo desejo de deixar a unidade da PF em Nova Iguaçu e assumira a chefia da DELEMAPH no estado. Saraiva estava perto de deflagar uma ação repressiva de grandes proporções: a Operação Iscariotes.

Essa investigação prestou um grande serviço para o turismo no Rio de Janeiro e teve como objeto um dos seus principais cartões postais, o Cristo Redentor. Com a operação, batizada em referência a Judas Iscariotes, traidor de Cristo, Saraiva desbaratou uma quadrilha formada por policiais militares, seguranças privados e empresas de turismo locais, tendo como vítima a administração do Parque Nacional da Tijuca. A iniciativa desarticulou uma pequena máfia que agia no entorno do Cristo Redentor. A operação acabou provocando uma série de mudanças por parte das autoridades municipais, reorganizando o sistema de acesso de carros e vans ao principal e mais emblemático ponto turístico do Rio. A quadrilha tinha se especializado no desvio de recursos arrecadados na taxa de pedágio para acesso ao famoso monumento. O golpe, segundo o inquérito de Alexandre Saraiva, gerava mensalmente 500 mil reais, que era embolsado por policiais militares e empresários que exploravam a empresa Trade Rio, administradora do pedágio.

Foram expedidos 22 mandados de prisão e 30 de busca e apreensão pela 5ª Vara Federal Criminal do Rio de Janeiro, sendo que a maioria dessas ordens judiciais foram cumpridas no próprio Cristo, durante um belíssimo dia de sol.

Saraiva mais uma vez inovou ao utilizar um equipamento de inteligência que, instalado no arvoredo da própria floresta, sobre a cabine de pedágio, registrava em áudio e vídeo a ação fraudulenta dos criminosos. Além disso, ele infiltrou, com a devida autorização e acompanhamento judicial, o agente Fernandes, com a "história cobertura" de trabalhar para o Ibama. A participação de Fernandes, assistindo e registrando evidências pelo lado de dentro do esquema criminoso, foi absolutamente fundamental para robustecer o inquérito e levar à deflagração da ação repressiva.

Quando faltava uma semana para o “dia D” da operação, solicitei a Saraiva que recepcionasse, em sua equipe no Rio de Janeiro, a delegada Adriana Vasconcelos e o agente federal Luís Maciel para que eles auxiliassem no planejamento e deflagração da Iscariotes, angariando, assim, experiência nessas ações repressivas de grande porte. Um dia antes da operação, a convite do dr. Álvaro Palharini, que havia assumido o meu lugar na DMAPH, fui convidado para acompanhar presencialmente os trabalhos no Rio e pude assistir *in loco* mais uma ação histórica da DELEMAPH carioca.

Depois da participação na Operação Iscariotes, Adriana e Maciel voltaram para Recife inspirados, montando uma DELEMAPH padrão, com sala exclusivamente destinada à atividade de inteligência, dotada de canais de interceptação telefônica e mobiliário moderno. Adriana ainda escolheu a dedo um excelente time de agentes federais, alguns dos quais já haviam trabalhado previamente com ela em Salgueiro, interior de Pernambuco, sua primeira lotação. Era um grupo realmente especial, interessado na repressão aos crimes ambientais, e, fundamentalmente, eram todos sensíveis e engajados na causa ambiental.

**

Passados os primeiros dois meses, logo que tomei pé das coisas, perguntei aos meus assessores mais próximos sobre Fernando de Noronha, o arquipélago formado por 20 ilhas e rochas, localizado a 545 km da costa do Nordeste, que pertence e é administrado pelo estado de Pernambuco.

Fiquei muito surpreso ao saber que não havia qualquer presença permanente da Polícia Federal naquele importante pedaço de terra brasileiro. A PF simplesmente não tinha sequer um posto em Noronha. Tal ausência, para mim, soou como uma grande vulnerabilidade, pois a ilha recebia transatlânticos e embarcações oriundas de outros países e ainda acomodava um aeroporto internacional, onde pousavam voos de carreira e jatos executivos com grande autonomia, inclusive vindos de outros continentes. Fernando de Noronha, além da questão de imigração, que é nossa missão constitucional, ainda guardava aspectos de grande preocupação ambiental por ser um delicado santuário de fauna marinha. Há centenas de espécies que se reproduzem na região, como tartarugas e golfinhos, fazendo das águas do arquipélago um grande e rico berçário. A avifauna marinha ali também é de grande diversidade, pois o local é rota de migração de gaivotas e atobás. Cerca de 90 espécies de aves são encontradas nas ilhas, inclusive se reproduzindo ali. Justamente por ser um paraíso ecológico, fazia todo sentido que Noronha abrigasse uma unidade da Polícia Federal.

Minha primeira iniciativa foi visitar a ilha, junto com os delegados que chefiavam as áreas de imigração, de repressão a entorpecentes e de repressão aos crimes ambientais. Esses seriam os setores a serem implementados por lá. Fomos recebidos pelo próprio administrador, que era nomeado pelo governador de Pernambuco, e ficamos hospedados na residência oficial. Fizemos um reconhecimento do local por terra e mar. Visitamos também alguns terrenos e imóveis, que nos foram oferecidos como sede de nossa futura unidade. Voltamos ao continente e pedi um relatório de situação a cada um dos delegados que me acompanhou.

Com o relatório em mãos, enviei uma sugestão de criação de unidade ao diretor-geral da Polícia Federal na época, o dr. Paulo Lacerda. Na exposição de motivos que produzi, fiz a sugestão de uma viagem dele à ilha para conhecer *in loco* a situação. Ele aquiesceu. Em poucos dias, recebia dr. Paulo e uma pequena comitiva em Noronha. Fiquei positivamente surpreso como nosso diretor-geral era sensível às questões de meio ambiente, e saímos de Noronha com a missão de instalarmos o nosso posto.

De volta a Recife, consegui a autorização para trazer, em missão, o delegado Alexandre Saraiva, a quem dei a tarefa de passar algumas semanas em Noronha, com uma pequena equipe de apoio, projetando tanto o posto como seu arcabouço de funcionamento. Saraiva adorou aquela tarefa e produziu um trabalho excelente. Com uma enorme sensibilidade para o meio ambiente, ele foi o profissional perfeito para aquela empreitada. Assim que os esboços ficaram prontos, escolhemos o melhor imóvel oferecido e iniciamos a reforma.

Durante esse período, houve troca de diretor-geral. E quando o posto da PF no arquipélago finalmente ficou pronto, fui informado que seria nomeado, já pelo novo diretor, chefe da Interpol no Brasil, o que me faria deixar a chefia da PF em Pernambuco. Contudo, fiz uma negociação com Brasília e consegui que meu último ato como superintendente regional fosse a inauguração do posto da Polícia Federal em Fernando de Noronha, que ocorreu com a minha presença, em grande estilo, o que me deu profunda satisfação e uma enorme sensação de dever cumprido.

**

A Operação Nautilus, cujos trabalhos investigativos se iniciaram durante meu período como superintendente regional da Polícia Federal em Pernambuco, foi uma das operações policiais mais interessantes e bem-sucedidas que acompanhei durante a minha carreira.

Tudo começou com um ofício da Receita Federal, recebido na DELEMAPH de Recife, comandada na época pela delegada Adriana Vasconcelos. Esse ofício nos informava que, no terminal de cargas do Aeroporto de Guararapes, uma auditora da Receita chamada Célia Maria Braga tinha barrado uma remessa de rochas marinhas prestes a ser enviada para o exterior. A fiscal tinha desconfiado da natureza do conteúdo e da legalidade da remessa, suspendido o curso do material e enviado um expediente à PF para que aprofundássemos, na esfera policial, as investigações sobre aquela estranha encomenda.

Como de praxe nesses casos, a delegada Adriana e sua equipe começaram fazendo uma diligência em fontes abertas e nos sistemas de inteligência disponíveis à Polícia Federal. Logo nas primeiras consultas, eles se surpreenderam com o que descobriram: há alguns anos já havia ocorrido na Praia de Pau Amarelo, naquele mesmo estado, uma ocorrência de flagrante com o mesmo nome do remetente da carga retida pela Receita Federal. E o motivo da prisão teria sido a extração de corais da zona das marés daquela localidade.

Tratava-se da mesma pessoa, com o mesmo endereço e os mesmos dados da ocorrência do terminal de cargas de Guararapes. Isso acendeu, imediatamente, uma luz vermelha para a equipe comandada por Adriana. Se iniciava, naquele momento, um trabalho policial que veio a ser considerado pela Interpol uma das melhores ações de repressão ao crime ambiental no mundo, um exemplo de operação policial

Os trabalhos foram iniciados pela equipe da DELEMAPH de Pernambuco, que articulou uma investigação extremamente bem-costurada. Adriana conseguiu que Saraiva lhe "emprestasse" o agente de Polícia Federal Fernandes, que acabara de ter uma performance investigativa formidável na Operação Iscariotes. Fernandes chegou em Recife para uma missão de 60 dias, ficando exclusivamente dedicado ao inquérito que se iniciava. A primeira questão era entender de que se tratava aquelas "pedras vivas" do ponto de vista criminal e se o grupo que foi objeto do aludido flagrante ainda estaria em ação na região anteriormente registrada nos autos.

Logo na primeira diligência, Maciel sugeriu a Fernandes uma investida noturna à beira-mar, nas proximidades do antigo endereço dos alvos, localizado no trecho litorâneo conhecido como Praia de Maria Farinha. A ideia era fazer uma caminhada pela faixa de areia e prospectar informações visualmente sobre a área onde ocorrera a extração, conforme os dados do flagrante passado. Quando já estavam retornando, os dois federais encontraram, em meio à escuridão e às algas que infestam aquelas areias, uma dúzia de sacos abarrotados de corais, ocultos pela vegetação de praia e ainda molhados em razão da proximidade com a arrebentação.

A dupla de agentes permaneceu em vigilância noite adentro até o alvorecer, quando visualizaram um grupo de homens recolhendo os sacos e os levando para um endereço nas proximidades do local em que estavam. Bingo! Aquela primeira diligência logrou êxito total ao confirmar que o grupo criminoso estava ainda em plena atividade e que, consequentemente, o inquérito teria tudo para ser desenvolvido com grandes chances de sucesso.

Ao longo do curso da investigação, cujo início coincidiu com meus últimos cinco meses como superintendente em Pernambuco, foram feitos grandes avanços no inquérito policial. Adriana e sua equipe utilizaram-se de inúmeros recursos investigativos, como interceptações telefônicas e telemáticas e, ainda, diligências de campo arrojadas, levadas a cabo no litoral do estado, onde a extração criminosa de corais era efetivamente operada. Uma das mais interessantes diligências da equipe foi um voo panorâmico, com o uso de um ultraleve, que registrou em fotografia e em vídeo o momento em que os criminosos extraíam os corais dos recifes de Maria Farinha.

A atuação da equipe da DELEMAPH de Pernambuco nessa investigação em especial resgatou em mim uma alegria que só havia experimentado nos meus anos de DMAPH. Outro aspecto louvável foi a interação da equipe de investigação com a Academia. Adriana e Maciel interagiram de forma construtiva com o professor doutor Mauro Maida, chefe do Departamento de Oceanografia da Universidade de Pernambuco (UFPE), que iluminou os nossos caminhos, dirimindo dúvidas vitais para o entendimento da conduta criminosa e sua adequação aos diplomas legais vigentes. Até a minha saída do cargo, pude acompanhar de perto a evolução dos trabalhos naquele seu início extremamente promissor.

**

Quando já estava de saída de Pernambuco, a DELEMAPH fez um trabalho em conjunto com o Ibama local, que deu a tônica decepcionante de como o governo de Pernambuco se posicionava em relação às questões ambientais. Essa ação levou o nome de Operação Lenha Branca.

A unidade pernambucana do Ibama nos engajou em uma missão que nos fez observar como a Caatinga, ecossistema lindíssimo e de pujante biodiversidade, vem sendo também degradada por atividades industriais não sustentáveis e que, em regra geral, não respeitam as normas ambientais vigentes.

A missão iniciou-se em Salgueiro, onde nossa equipe fez um treinamento de identificação de madeiras durante dois dias. Terminado o período do curso, o grupo, formado por fiscais do Ibama, do Ministério do Trabalho e por policiais da DELEMAPH, dirigiu-se à região do Araripe, circundada por extensas áreas de caatinga, onde visitaram uma fábrica de gesso em uma região considerada como o polo gesseiro daquele estado.

Lá, a equipe deparou-se com uma unidade "calcinadora" que não respeitava nenhuma das premissas e normas ambientais. Houve autuação e multas, impostas tanto pela autoridade administrativa ambiental como pela trabalhista, além da nossa atuação na esfera criminal que nos cabia.

Foi observado, na ocasião, a não utilização de filtros adequados, o que acarretava a dissipação pelo vento de uma espessa poeira branca que cobria enormes áreas adjacentes da caatinga. Também foi assinalada pela diligência que parte da madeira utilizada nos fornos era ilegal, sendo proveniente do arvoredo da própria caatinga. O polo gesseiro, além de poluir o meio ambiente, derrubava grande parte da vegetação, transformando, por sua vez, a lenha obtida ilegalmente em poluição, num triste círculo vicioso de degradação.

Eu estava em Fortaleza, dando uma palestra a convite da Secretaria de Segurança Pública do Ceará, quando recebi um telefonema inusitado: o então secretário de defesa de Social de Pernambuco me ligava para reclamar da "falta de sensibilidade" da Polícia Federal na realização da Operação Lenha Branca, que teria interrompido importante atividade produtiva no polo gesseiro de Pernambuco. Na opinião daquele secretário, nós deveríamos, em vez de autuar a empresa por seus crimes ambientais, ter dado um aviso prévio, dando chance para que os problemas fossem sanados, como se à polícia judiciária fosse concedida essa possibilidade de não proceder na forma da lei. Isso sem mencionar que já havia um longo histórico de multas ambientais aplicadas pelo Ibama de Pernambuco, o que significava claramente que aqueles empreendimentos não tinham a menor intenção de se ajustarem à lei. Muita sensibilidade com o polo gesseiro, poluidor e destruidor da caatinga, pouca ou nenhuma sensibilidade com a natureza. Lamentável: era mais uma evidência de que empresas que degradavam o meio ambiente recebiam proteção das elites políticas locais.

Passadas algumas semanas, tive que partir de Pernambuco para assumir a Coordenação-Geral de Polícia Criminal Internacional, também conhecida como Interpol. Deixei Recife lamentando, sobretudo, por não ter tido tempo de deflagrar a Nautilus, que acompanhei desde o início. Contudo, por incrível que possa parecer, na Interpol, me estava reservada uma destacada participação no alcance transnacional daquela pioneira investigação policial.

**

Cheguei de volta em Brasília bastante animado para essa nova fase e com a possibilidade de ajudar nossas operações a atingir alvos e resultados além-mar. O novo cargo era chefiar a Coordenação-Geral de Cooperação Internacional (CGCI), também conhecida como Interpol por ser a unidade da Polícia Federal que abriga a representação brasileira junto à Organização Internacional de Polícia Criminal (Interpol). Para a comunidade internacional das polícias, essa representação leva o nome de Escritório Central Nacional (ECN) — Brasília.

Comecei meu trabalho na chefia da Interpol quando recebi um pedido de apoio vindo de Pernambuco. A delegada Adriana Vasconcelos avançava com o inquérito da Operação Nautilus e já identificara uma enorme trama de comércio ilegal de "pedras vivas", isto é, de corais, que tinha ramificações em vários estados brasileiros e, principalmente, no exterior. Adriana me pedia, por escrito, apoio internacional para o inquérito. A demanda era para que a Interpol usasse sua capilaridade global na identificação, em diversos países, de empresas e estabelecimentos comerciais que importavam e vendiam os corais extraídos criminosamente do litoral nordestino. A Nautilus, assim, alcançava o mundo via Interpol.

Era um caso totalmente fora da curva, pois se tratava de crime ambiental com aspectos sofisticados de biologia marinha, algo até então inédito para nós, principalmente naquelas proporções. Com a possibilidade de articular a cooperação internacional em suporte a inquérito em curso na DELEMAPH de Pernambuco, eu me sentia "resgatado", como se estivesse voltando a participar daquela ação pioneira da Polícia Federal. O objetivo da investigação que me cabia era, a princípio, confirmar que lojas em outros países vendiam as "pedras vivas" retiradas da nossa costa. Enviamos, para cada um dos países assinalados na investigação, pedidos de diligências nas importadoras e, também, um desdobramento das averiguações nos estabelecimentos comerciais para onde o material tinha sido distribuído, isto é, em lojas de aquariofilia marinha que vendiam os corais no varejo.

Não demorou muito e recebemos respostas positivas, com registros fotográficos dos aquários que exibiam os corais para venda ao público. Países como França, Alemanha e Holanda responderam com resultados bem interessantes e extremamente comprometedores para os alvos do inquérito. Aproveitei, nessa ocasião, uma viagem que fiz a Buenos Aires (onde participei de uma reunião sobre um projeto da Interpol de combate ao comércio de produtos piratas no nosso continente) e fui até uma das lojas que vendiam nossos corais na capital argentina. Fiz, eu mesmo, registros fotográficos dos corais expostos e levantei sua procedência com os atendentes, confirmando que se tratava de "pedras vivas" do litoral brasileiro.

Importante registrar que, para investigar esse esquema, os próprios policiais da DELEMAPH de Recife precisaram receber informações e conhecimentos especiais e entender minimamente acerca da fauna marinha objeto daquele inquérito policial, isto é, para poder diferenciar entre os fragmentos de corais, recifes e algas calcárias. Foi aí justamente que entrou o apoio instrumental e sem preço do professor doutor Mauro Maida.

Passados mais alguns meses, no dia 16 de abril de 2008, a Operação Nautilus saiu às ruas do Brasil e do mundo. A Polícia Federal prendeu 15 suspeitos e cumpriu 64 mandados de busca e apreensão. Foram servidos, no mesmo instante, ordens de busca e apreensão em diversos estados brasileiros e ainda na França, Holanda e Alemanha. Pedimos para que as diligências na Europa respeitassem o horário da deflagração da nossa operação para evitar vazamentos e avisos de lá pra cá. Enquanto fazíamos buscas no Brasil às sete da manhã, policiais europeus operavam com quatro horas à frente e executavam seus mandados de busca e apreensão às onze da manhã no Velho Continente. Esse foi definitivamente um aspecto inédito de uma operação policial brasileira, atingindo outros países, onde juízes estrangeiros autorizaram buscas realizadas concomitantemente com as nossas, todas baseadas em um inquérito em curso na Polícia Federal. A Nautilus atuou, além de Pernambuco, na Bahia, Paraíba, Ceará, Distrito Federal, Espírito Santo, Rio de Janeiro, São Paulo, Minas Gerais, Paraná, Santa Catarina e Rio Grande do Sul. Posteriormente, foram realizadas buscas nos Estados Unidos, Canadá, Dinamarca, Reino Unido e Argentina.

A Nautilus conseguiu desbaratar duas vertentes criminosas. A primeira — que foi objeto da ação da Interpol — abastecia o mercado internacional e era liderada por uma empresa com sede no Rio de Janeiro. Essa empresa tinha prepostos em Recife que subcontratavam os mergulhadores para a retirada das pedras vivas (fragmentos de corais). A segunda vertente era formada por distribuidoras localizadas em Pernambuco e na Bahia, que abasteciam o mercado no restante do país, isto é, tinham foco na demanda nacional, mais precisamente no Rio de Janeiro, São Paulo, Minas, Paraná, Santa Catarina, Rio Grande do Sul e Distrito Federal.

Na coletiva de imprensa que se seguiu à operação, a delegada Adriana assinalou que a Nautilus teve dois objetivos principais: a repressão da quadrilha, que há mais de dez anos atuava no litoral nordestino, e conscientização da população que compra recifes de corais, mostrando que se trata de um comércio criminoso e, acima de tudo, devastador para os ecossistemas marinhos costeiros. Para termos uma noção do estrago, o inquérito descortinou que, entre 2004 e 2008, foram comercializadas 155,5 toneladas de fragmentos de corais.

**

Seguindo meu dia a dia no comando do braço internacional da PF, recebi um pedido de um nosso velho conhecido delegado Alexandre Saraiva. Ele estava tocando sua terceira grande investigação de repressão aos crimes ambientais, e estava especificamente no encalço de uma poderosa quadrilha de traficantes internacionais de animais silvestres. A operação, chamada Oxóssi (em referência ao orixá da caça), teve um desenlace absolutamente formidável, do qual tive o prazer de participar de forma bastante periférica, auxiliando o delegado a atingir alvos de outros países, alguns deles no centro do esquema delituoso investigado. Foi um apoio basicamente em termos de cooperação internacional de polícia. Curiosamente, essa operação, assim como a Operação Nautilus, que também teve pernas deflagradas no exterior, foi classificada pela Interpol (nos anos 2010/2011) entre as mais bem sucedidas ações policiais, em termos globais, isto é, estiveram entre as melhores operações do planeta.

Essa investigação nasceu a partir de levantamentos de policiais federais da DELEMAPH do Rio de Janeiro, realizados sobre a "notória" Feira de Caxias, que ocorre aos domingos no município com o mesmo nome. Lá, os policiais descobriram uma rede de caçadores e contrabandistas, com tentáculos espalhados por oito estados brasileiros e com conexões em diversos países, como República Tcheca, Suíça, Portugal, entre outros.

O inquérito teve, bem em seu início, por coincidência, uma participação importante do agente de Polícia Federal Claudio Pontes, meu irmão caçula. Claudio era analista de inteligência de uma investigação sobre tráfico de mulheres que, por sorte, captou, nas interceptações que operava, conversas incriminadoras sobre tráfico de animais silvestres. Um dia, na "missão suporte", como era denominada a área utilizada para monitoramento de diversas investigações da PF carioca, Claudio acompanhou uma conversa informal de Saraiva com sua equipe sobre tráfico de espécies da nossa fauna e puxou assunto, abordando o que acabara de tomar conhecimento. Desta forma, Claudio trouxe informações instrumentais para o avanço do inquérito de Alexandre Saraiva. Para meu grande contentamento, já que até então, durante toda a minha carreira, nunca trabalhara diretamente com o meu irmão, Claudio terminou sendo absorvido pela Oxóssi e, passadas poucas semanas, juntou-se definitivamente ao grupo da DELEMAPH do Rio de Janeiro.

Saraiva havia identificado, nos grampos em andamento, conversas em um idioma ininteligível, aparentemente de origem eslava. Posteriormente, foi confirmado que eram diálogos trocados entre um grupo de cidadãos da República Tcheca, liderado pelo traficante Tomas Novotny, alvo central do inquérito. Essas conversas interceptadas eram um verdadeiro voo cego, pois não havia ninguém que as entendesse ou que pudesse traduzi-las. Um dia, Saraiva me ligou e me confidenciou essa dificuldade com o grupo de investigados tchecos. Foi quando resolvi ligar para minha amiga Pavla Říhová, policial de Praga que conhecera anos antes, durante minha participação nas reuniões do Interpol Subgroup on Wildlife Crime.

Pavla que, na época, atuava como representante da Cites (Convenção sobre o Comércio Internacional das Espécies Silvestres Ameaçadas de Extinção) na República Tcheca, me recepcionou muito bem e prometeu atender minha demanda, que era o engajamento de um policial tcheco na equipe de Saraiva presencialmente para acompanhar os áudios e auxiliar pessoalmente sua equipe no entendimento das conversas.

Consegui, com os meus contatos na Secretaria-Geral da Interpol em Lyon, os recursos financeiros necessários para custear passagem aérea e diárias para um policial de Praga, que deveria, a princípio, ficar no Rio de Janeiro por um mês, em apoio ao delegado Saraiva. Para nossa sorte e felicidade, engajou-se na missão o jovem Pavel Dzubera, um policial tcheco de dois metros de altura, extremamente profissional e muito bem-humorado. Em poucos dias, Pavel se entrosou com Saraiva e conquistou a equipe, ajudando a DELEMAPH do Rio de Janeiro a identificar inúmeros esquemas e também algumas conexões internacionais que atuavam naquele caso de tráfico de espécies da nossa fauna silvestre. Entre os animais mais alvejados pela quadrilha estavam araras-azuis, macacos-prego e jiboias, mas até filhotes de onças-pintadas eram comercializadas no esquema delituoso.

Saraiva conseguiu autorização com o Juiz Federal do inquérito para que Pavel se engajasse na equipe como colaborador da Interpol em razão do aspecto transnacional dos esquemas investigados. O policial tcheco escutava os áudios das interceptações dos canais utilizados por Tomas Novotny, que operava o tráfico de animais no Rio de Janeiro. Pavel transcrevia o material para o inglês, e o agente de Polícia Federal Andre Deluna, da equipe de Saraiva, fazia a transcrição final para o português. Durante o acompanhamento de Pavel, a equipe descobriu, entre outras coisas, que a quadrilha planejava contrabandear ovos de araras-azuis para a Europa e levava ovos de galinha como balão de ensaio para "testar" a segurança das rotas aéreas do tráfico, a partir do Aeroporto Internacional Tom Jobim.

No dia 11 de março de 2009, a DELEMAPH do Rio de Janeiro deflagrou a Oxóssi, prendendo 72 membros da quadrilha de tráfico internacional de animais silvestres. A Polícia Federal engajou 450 policiais federais para executar essa ação, que teve mandados cumpridos no estado do Rio de Janeiro (na capital e nas cidades de Angra dos Reis e Paraty), no Pará, no Rio Grande do Sul, em São Paulo, em Minas Gerais, na Bahia, em Sergipe e no Maranhão. A Oxóssi teve, ainda, pernas executadas na República Tcheca, Suíça, Portugal e Tailândia graças à participação do policial Pavel Dzubera. Foram também confeccionadas diversas Interpol Red Notices (Difusão vermelha da Interpol para prisão extradicional de criminosos no exterior), tudo a partir da operação, que contou com o apoio fundamental do Ministério Público Federal, como de costume naquelas ações em repressão aos crimes ambientais.

A Oxóssi viabilizou, de forma inédita, o mapeamento de todas as fases do tráfico de animais silvestres no Brasil. Da captura, passando pelo transporte nacional e armazenamento até a comercialização internacional. E a Feira de Caxias era, como sempre imaginamos, o grande centro para animais apanhados ilegalmente em diversos pontos do país.

**

Antes de terminar meu período na Interpol, aproveitei a oportunidade que o prestígio de comandar o ECN Brasília me dava e consegui realizar um sonho antigo: organizar e sediar na Amazônia um encontro de trabalho do Interpol Group on Wildlife Crime, cujas reuniões, sempre em locais com muita natureza, havia frequentado nos primórdios da minha trajetória de criação da DMAPH. Realizado no Hotel Tropical em Manaus, contou com presenças emblemáticas como Bill Clark, Pavla Říhová e Laurel Neme, esta última lançando no evento o livro *Animal Investigators* que coincidentemente dedicava um capítulo inteiro à Operação Pindorama.

Durante o período em que estive à frente da Interpol, meu último cargo no Brasil, antes de seguir para chefiar o escritório da PF em Paris, foram aos poucos ocorrendo transformações no governo dentro do cenário nacional relacionadas ao meio ambiente. A ministra Marina Silva pediu demissão, numa situação que demonstrava uma mudança de rumos no governo federal. Houve muitas conquistas durante sua gestão e Marina saiu como que em protesto público para tentar salvaguardar os avanços que teve à frente do seu ministério. Me lembro que a ministra, na entrevista que concedeu explicando a sua saída, falou “perco o pescoço, mas não perco o juízo”.

A impressão que tive é que estava sendo encerrado um ciclo virtuoso da administração ambiental no Brasil. Na Polícia Federal, já não tínhamos mais o dr. Paulo Lacerda na direção-geral e o seu substituto falava muito em "gestão" quando na realidade o comando de uma polícia judiciária deve focar sua capacidade de gerenciamento na dotação de recursos computacionais e ferramentas de inteligência que melhorem a administração das grandes operações repressivas e investigações. A polícia judiciária faz o seu "gol" quando instaura inquéritos para apurar crimes graves, cometidos por poderosos. O resto é balela e subterfúgio para distração e desfocagem da nossa missão.

**

Já tendo sido nomeado para assumir a adidância da Polícia Federal em Paris, o Itamaraty e a PF resolveram indicar meu nome para uma vaga no Comitê Executivo da Interpol como um dos três representantes do continente americano no *board* daquele organismo internacional. Fizemos uma campanha bastante baseada nos nossos trabalhos internacionais de repressão aos crimes ambientais. Fomos para a Assembleia Geral da Interpol de 2009, em Singapura, na qual disputei a vaga contra o diretor-geral da Polícia Nacional do Uruguai, que era bem mais sênior do que eu. Acabei vencendo as eleições e voltei para o Brasil como o terceiro policial federal da história a assumir uma posição no Comitê Executivo da Interpol. Antes tivemos Romeu Tuma e Zulmar Pimentel nessa posição.

Tive uma sorte inacreditável já nas minhas horas iniciais na nova função em Paris. No meu primeiro dia, logo depois de encontrar o Embaixador Bustani e ter com ele uma agenda de apresentação, cheguei em casa e liguei a televisão. Sintonizei na TV5 Monde e não acreditei no que estava passando: uma entrevista minha, que havia concedido já há alguns anos, no meu último período de DMAPH, em uma produção da TV francesa sobre tráfico de animais entre Brasil e Europa. No dia seguinte, fui chamado cedo ao gabinete do embaixador, que havia igualmente assistido ao programa. Bustani me felicitou pelo espaço conseguido na mídia local. Era um bom começo para mim.

No meu dia a dia no pequeno escritório da PF em Paris não havia grandes façanhas ambientais. Atuava como ligação entre as polícias brasileiras e francesas, no interesse de seus projetos, inquéritos e investigações. Também havia a busca por cooperação em treinamentos e aperfeiçoamento de policiais. Era um trabalho que eu gostava bastante: cooperação internacional.

Fiz uma boa relação com o então coronel Phillipe De Boysere, da Gendarmerie Nationale da França. Consegui com ele um treinamento no Office Central de Lutte contre les Atteintes à l'Environnement et à la Santé Publique (OCLAESP), que é a unidade de repressão aos crimes ambientais da Gendarmerie, que no conceito adotado na França engloba ainda questões concernentes à saúde pública. Aliás, meio ambiente está profundamente conectado aos assuntos de saúde pública. Ou melhor, difícil é encontrar um tema que não guarde alguma imbricação com as questões ambientais.

Consegui trazer o delegado Marcelo Sálvio, que era o chefe da DMAPH na época, para um estágio de duas semanas no OCLAESP em Paris. Segundo o próprio Marcelo, foi um curso bem interessante, pois, além das visitas às unidades, ele percebeu que a França foca muito seu interesse ambiental em temas relacionados com resíduos radioativos, dejetos perigosos, lixo químico e tóxico.

Trata-se de uma preocupação recorrente em países desenvolvidos, que, aliás, deveríamos começar a ter por aqui também, pois, afinal de contas, se formos pensar bem, não existe o ato de jogar fora, isto é, não se joga fora nada, pois não existe o "fora". Tudo fica no planeta, e apenas transferimos dejetos de lugar, descartando-os em algum ponto que, aparentemente, não nos incomodará (tão cedo). Mas isso é um ledo engano.

CAPÍTULO 8

A PF NO MUNDO: COOPERAÇÃO INTERNACIONAL NO COMBATE AOS CRIMES AMBIENTAIS

Hoje, na era da hiperinterconectividade, em que as distâncias físicas foram engolidas pela velocidade e pelos achatamentos promovidos pela aviação a jato, internet e mundos virtuais, definitivamente não há como obtermos sucesso nas grandes investigações sem os serviços prestados pelas organizações de cooperação internacional, suas plataformas, seus protocolos de comunicação on-line e suas bases de dados. Independentemente dessa participação institucional, o policial do século XXI deve, também, desenvolver sua rede de contatos. Num passado recente, uma delegacia policial estabelecida em uma cidade falava com outras de cidades vizinhas com alguma dificuldade. Hoje, um policial moderno se comunica com Cidade do México, Nova York, Pretória, Wiesbaden, Haia, Lyon e Singapura com dois toques num teclado, antes daquele policial do passado terminar a discagem para a unidade policial vizinha. É o mundo da aldeia global, da globalização e que, se não for entendido como tal, não conseguiremos perseguir em nossos objetivos no combate aos crimes transnacionais. Esse foi um dos aspectos positivos da DMAPH, "falar com o mundo", tanto nas assinaturas oficiais de convênios com organismos multilaterais de cooperação como no fortalecimento das nossas redes pessoais. E as duas operações a seguir levam essa marca.

A OPERAÇÃO JURUPARI: A EVOLUÇÃO DAS MEGAOPERAÇÕES

No dia 21 de maio do ano de 2010, a Polícia Federal deflagrou a Operação Jurupari, comandada pelo delegado Franco Perazzoni, um dos ícones da PF na repressão aos crimes ambientais. Foi uma operação emblemática, cujos aprendizados e resultados provocaram diversas quebras de paradigmas dentro da instituição, além de ter sido mencionada em um importante estudo do Banco Mundial: *Justice for Forests – Improving Criminal Justice Efforts to Combat Illegal Logging*, editado em 2012. A publicação registrou o flagelo do crime institucionalizado e o suporte por ele concedido aos delinquentes ambientais que operam fraudes em atividades madeireiras na Região Amazônica, em especial no estado de Mato Grosso.

A Jurupari foi uma ação inovadora, que representou um ponto de partida para a utilização de alta tecnologia — análise de imagem de satélites — na Polícia Federal. Perazzoni e o perito criminal federal Herbert Dittmar, que também se especializou com profundidade em perícias ambientais, trabalharam com geointeligência intramuros na Polícia Federal, produzida e processada em um nível até então não alcançado. Geointeligência é um ramo da inteligência (como produção de informação) que se utiliza não apenas de imagem de satélites, mas também de dados georreferenciados e dados colaterais (as informações de campo, observação dos agentes, levantamentos *in loco* etc.). Perazzoni foi pioneiro a trazer esses conceitos doutrinários da National Geospatial-Intelligence Agency (NGIA), nos Estados Unidos, e aplicá-los no Brasil, com sucesso, como método investigativo.

A geointeligência da Operação Jurupari foi desenvolvida dentro da PF por Perazzoni, com o auxílio do perito criminal Herbert — que trabalhou posteriormente com o delegado Alexandre Saraiva, durante sua permanência à frente das superintendências da PF em Roraima e Amazonas —, e foi muito além do que a mera contemplação de imagens de satélites. Tratava-se da análise de informações das bases de dados disponíveis, com áudios obtidos das interceptações telefônicas e telemáticas, relatórios de diligências de campo, tudo isso cruzado com as imagens de satélites. Os agentes federais analistas produziam os relatórios de início, isto é, a partir da observação e cotejo desses inúmeros insumos investigativos. Durante o período que se seguiu à Jurupari, diversos agentes federais foram treinados por Perazzoni e se capacitaram na produção desse trabalho analítico.

Para entender o passo evolutivo que a Jurupari representou — e para conhecer também a importância do trabalho desenvolvido por Perazzoni — é preciso considerar três operações, relativamente semelhantes, que ocorreram em sequência: Curupira, Kaiabi e Mapinguari. Cada uma dessas operações pontuou nitidamente um passo evolutivo na organização e administração de grandes ações repressivas de crimes ambientais. E em cada uma delas há registros de aperfeiçoamento, de superação dos problemas e da evolução dos conceitos em relação à imediatamente anterior. A receita era bem parecida: fraudes nos sistemas, envolvimento de servidores federais e estaduais, suporte político local aos delinquentes ambientais, madeira derrubada e comercializada ilegalmente e teatro de ação em áreas indígenas ou de proteção ambiental.

A Operação Curupira atingiu 90 alvos de prisão temporária e cumpriu buscas em mais de 100 endereços. No entanto, os dias seguintes foram bastante difíceis de serem administrados, e a operação correu riscos de se inviabilizar — ou seja, de inviabilizar a posterior persecução penal — por conta de suas próprias dimensões. A Kaiabi, no ano seguinte, já corrigiu alguns desses pontos, assim como, na sequência, a Mapinguari também se aperfeiçoou. E o ápice desse processo de aprimoramento foi a Jurupari.

Valer registrar que Franco Perazzoni tomou posse na PF em 2006 como delegado, iniciando sua carreira em Mato Grosso. Nesse primeiro ano, assumiu a Operação Curupira, que tinha sido deflagrada no ano anterior à sua posse. A operação foi fechada por Perazzoni, que seguiu trabalhando em uma sequência de pequenas ações avulsas e operações de desmatamento em terras indígenas, prato forte do cardápio de Mato

Grosso. O perito criminal federal Herbert se juntaria a ele em 2007, quando tomou posse, em Cuiabá, capital de Mato Grosso.

Numa retrospectiva histórica, é importante destacar que a Curupira, em 2005, a Kaiabi, em 2006, e a Mapinguari, em 2007, ainda tiveram forte participação do Ibama e do Ministério Público Federal. A Operação Curupira, em que pese o seu gigantismo (típico daquele momento, em que Polícia Federal e Ministério Público Federal buscavam o maior número de alvos possível em suas ações), foi a primeira em que as condutas de destruição da cobertura florestal da Amazônia foram efetivamente combatidas com ferramentas disponibilizadas pela legislação para o enfrentamento da criminalidade organizada.

Ao contrário das três ações que a precederam, a Operação Jurupari, cujos trabalhos investigativos se iniciaram em 2008, já foi uma operação gestada e nascida inteiramente dentro da PF, sem qualquer apoio de fiscais do Ibama e tampouco contou com iniciativa do Ministério Público Federal.

Os números da operação foram robustos. A PF confirmou, nas primeiras horas da ação, a prisão de 64 pessoas. A Justiça Federal expediu 91 mandados de prisão preventiva e 91 mandados de busca e apreensão em diversos municípios de Mato Grosso. O objetivo da Jurupari foi, basicamente, reprimir a extração, transporte e comércio ilegal de produtos florestais na Amazônia mato-grossense, principalmente os provenientes do interior e adjacências de áreas protegidas federais, como terras indígenas e parques nacionais. Foram assinalados centenas de malfeitos praticados por servidores, engenheiros e proprietários de terras, em pelo menos 68 empreendimentos e propriedades rurais.

Inúmeros servidores públicos foram afastados de suas funções e cargos. As investigações que precederam à deflagração da operação comprovaram — por meio de prova pericial — que os envolvidos possuíam movimentações financeiras incompatíveis com os rendimentos declarados à Receita Federal. Os danos ambientais causados pelo grupo de investigados chegaram, em valores da época, a cerca de 900 milhões de reais.

A Jurupari teve muita influência dentro de diversas áreas da PF. Normalmente, as vivências e experiências desenvolvidas pela Delegacia de Repressão a Entorpecentes (DRE), por exemplo, influenciavam muito os trabalhos da DMAPH. Esse era o fluxo habitual: uma atividade policial mais antiga e sedimentada influenciando novas atividades. Com a Jurupari, no entanto, aconteceu o oposto: as interessantes e bem-sucedidas abordagens investigativas (como o conceito de geointeligência que foi desenvolvido na DMAPH para investigações de crimes ambientais) é que acabaram sendo empregadas em outras áreas, inclusive na poderosa e influente DRE.

Por conta desse sucesso, o delegado Perazzoni foi convidado a apoiar internacionalmente as polícias nacionais do Peru e da Bolívia na atividade de repressão ao tráfico de cocaína, aplicando geointeligência em investigações que tinham como objetivo identificar e monitorar áreas de plantações de coca nesses países.

A DMAPH acabou, nesse período, operando como "celeiro" e área precursora de novas técnicas investigativas. Eu, pessoalmente, chamo esse fenômeno policial de "efeito locomotiva", que é quando uma atividade, ou até mesmo uma unidade policial, por conta da força e do sucesso do trabalho que desenvolve, puxa outros setores ou outras atividades repressivas. Dessa forma, a novíssima DMAPH funcionava como "locomotiva" para diversos outros setores da Polícia Federal.

O trabalho desenvolvido por Perazzoni e Herbert foi responsável por um salto qualitativo importante da PF, que, a cada ano que passava, atuava menos "a reboque" do Ibama e do próprio Ministério Público Federal, exatamente como projetamos em 1996 na proposta que originou a criação da DMAPH.

**

Os contatos que tive com o delegado Perazzoni se restringiram ao meu último ano de DMAPH, em 2006, quando ele compareceu, como chefe de DELEMAPH, a um curso de aperfeiçoamento que fizemos com o US Fish & Wildlife Service, em Bonito, Mato Grosso do Sul. A esse treinamento também compareceu o delegado Rubens Lopes. A partir desse treinamento, Perazzoni desenvolveu um excelente relacionamento institucional com o FWS, que foi instrumental em vários momentos de sua carreira e importante para o sucesso de investigações que conduziu ao longo de todo esse tempo, inclusive na Operação Akuanduba, sobre a qual falaremos no próximo capítulo e que atingiu em cheio o ex-ministro do Meio Ambiente Ricardo Salles, por intermédio de um importante apoio operado pelo oficial de ligação e agente especial do FWS Bryan Landry, que ficava sediado na Embaixada dos EUA em Brasília.

**

A OPERAÇÃO WOODSTOCK: O TRÁFICO DE JACARANDÁ PARA A INDÚSTRIA INTERNACIONAL DE INSTRUMENTOS MUSICAIS

Franco Perazzoni não foi o único delegado que fortaleceu sua rede internacional de contatos a partir dos encontros e cursos que organizamos, entre 2004 e 2006, com o US Fish & Wildlife Service, respectivamente em Brasília e Bonito. A delegada Tatiana Torres, que participou dos mesmos treinamentos, também iniciou um excelente relacionamento institucional com a USFWS.

Tatiana havia participado dos cursos na condição de chefe da DELEMAPH do Mato Grosso do Sul e se destacou como uma das mais interessadas e ativas autoridades policiais encarregadas da repressão aos crimes ambientais. No final de 2006, em reconhecimento ao seu trabalho, foi selecionada para me acompanhar em uma reunião do Interpol Subgroup on Wildlife Crime em Pequim (China), ocasião em que ampliou sua rede de contatos, articulando-se com representantes de polícias ambientais dos sete continentes. Em 2007, de volta a sua terra natal, Belo Horizonte, assumiria a chefia da delegacia especializada em Minas Gerais.

Tatiana e sua equipe puxaram um fio investigativo interessante, relacionado a um lucrativo esquema de contrabando de jacarandá-da-bahia ou pau-rosa (em inglês, *rosewood*), que era levado a cabo por uma quadrilha organizada com atuação em vários estados da Federação. A madeira ilegal tinha como destino os Estados Unidos, Canadá e países da Europa, mais precisamente para luthiers a serviço da indústria de violões e guitarras, que obtinham lucros astronômicos naqueles países.

Muito interessante e arrojada a apresentação que Tatiana fez, em Brasília, ao então todo poderoso diretor-executivo da PF dr. Zulmar Pimentel. Antes de iniciar a apresentação, detalhando o esquema criminoso e os alvos do seu inquérito, Tatiana preparou um curto "videoclipe", que mostrava cenas das madeiras cortadas, dos carregamentos de tábuas de jacarandá-da-bahia, imagens de raio X das guitarras e violões sendo transportados e fotos dos instrumentos musicais nas fábricas nos Estados Unidos, tudo com a trilha sonora de um blues-rock do grupo ZZ Top.

A Operação Woodstock foi deflagrada com muito sucesso, recebendo cobertura em todos os grandes jornais e telejornais. Inicialmente, 15 alvos foram detidos em base de prisão temporária na Bahia e em Minas Gerais. Essa operação abriu caminho para muitas outras nos anos que se seguiriam, pois mostrou uma verdadeira via expressa de contrabando de jacarandá-da-bahia para alimentar a indústria de instrumentos musicais estabelecida no exterior. Ocorreram, então, na sequência, mais algumas fases da Operação Woodstock. Em outubro de 2011, apenas alguns meses após o Ministério Público Federal ter oferecido denúncia sobre 23 alvos do inquérito presidido por Tatiana, a PF deflagrou a Woodstock 2 (W2), também em Minas Gerais, desmanchando um novo esquema de exploração ilegal de jacarandá-da-bahia, com ligações com a quadrilha alvejada em 2007. Posteriormente outras "Woodstocks" foram realizadas, e a operação virou uma espécie de "franquia" da PF, sempre com foco em jacarandá-da-bahia e as conexões com a indústria de guitarras.

No entanto, o que esse trabalho teve de mais emblemático foi o nível de cooperação internacional. A Woodstock, além de mostrar como a articulação com outras polícias potencializa as investigações, também comprovou que treinamentos conjuntos, realizados com forças policiais de dois ou mais países, funcionam como fagulhas para o início de formação de redes de relacionamentos interpessoais duradouros e confiáveis, estabelecidas entre os próprios policiais que frequentam esses estágios. A origem de inúmeros trabalhos importantes foram, sem dúvida, os treinamentos realizados em Brasília e Bonito entre 2004 e 2006.

Nesse ponto, o entusiasmo demonstrado pela agente especial Jill Birchell de cooperar conosco foi fundamental. Jill, a partir dos treinamentos em Brasília e Bonito, começou a trabalhar com Tatiana e Perazzoni, dando origem a uma relação de muitos anos de cooperação até a sua aposentadoria.

O mais surpreendente foi o fato de que, nos idos dos anos 2004 e 2006, quando começamos a falar com Jill Birchell sobre cooperação em investigações de tráfico de madeira para os Estados Unidos, ela me disse, pessoalmente, que o USFWS quase não lidava com esse tipo de delito e que focava sua atenção mais nos crimes relativos à pesca e à caça ilegais. As questões que diziam respeito à flora eram muito residuais. Por isso, os pedidos que os delegados Tatiana e Perazzoni encaminharam a partir daquele período possivelmente funcionaram como uma espécie de gatilho para que o USFWS começasse a tratar ilegalidades com madeira de origem brasileira com olhar mais agudo e incluísse esses esquemas criminosos no rol de suas atribuições em base de cooperação internacional. Evitando sermos exageradamente pretensiosos, observamos que o Lacey Act, importante lei federal dos Estados Unidos que prevê, entre outros dispositivos, diversos tipos penais para condutas em atividades de caça, pesca e plantas, recebeu uma emenda em 2008, passado exatamente um ano da deflagração da primeira Operação Woodstock.

Um detalhado documento de quase dez páginas, de 30 de agosto de 2007, redigido em inglês por Tatiana durante as investigações, e encaminhado a Jill Birchell solicitando cooperação no caso do contrabando de jacarandá-da-bahia para os Estados Unidos, certamente ajudou os nossos colegas norte-americanos a perceberem que sua atuação deveria ser ampliada, para alcançar ilegalidades cometidas nos países exportadores dessas madeiras.

A alteração no Lacey Act, uma das leis mais utilizadas pelo USFWS, coincidentemente ampliou o alcance do diploma para que sejam atingidas ilegalidades na exploração e comércio de plantas e produtos vegetais, como madeira e papel, ocorridas no exterior. Até 2008, somente espécies de plantas nativas dos Estados Unidos eram protegidas pelo Lacey Act, de forma que essa emenda constituiu a primeira proibição mundial — com alcance extraterritorial — do comércio de produtos de madeira de origem ilegal.

CAPÍTULO 9

RETROCESSOS 20 ANOS DEPOIS: O "MINISTÉRIO DO DESMATAMENTO"

Mesmo tendo terminado minha carreira na Polícia Federal, continuei a acompanhar de perto as operações desenvolvidas pelas DELEMAPHs e pela DMAPH. Muitos dos meus ex-colegas de profissão, sabendo disso, me mantinham constantemente informado sobre os avanços, sucessos e façanhas da divisão. Quando a imprensa veiculava notícias sobre bons trabalhos de repressão aos crimes ambientais, me dava uma satisfação muito especial. Mas eu seguia a minha vida como um mero "telespectador" em relação aos trabalhos da Polícia Federal.

Contudo, estava prestes a acontecer algo que iria, de certa forma, me colocar de novo "no jogo".

No final de 2020, em plena crise da Covid-19, quando já estava aposentado fazia oito anos, recebi uma proposta do Programa El PAcCTO para investigar, em base de pesquisa remota, qual teria sido o impacto da pandemia sobre a criminalidade ambiental em nosso país. O Programa El PAcCTO é uma excelente e modelar iniciativa da Comunidade Europeia, criada como instrumento de cooperação para auxiliar no enfrentamento aos crimes transnacionais que afetam os continentes europeu e americano.

O trabalho teve o ano de 2020 como foco, quando o vírus da Covid-19 se espalhou pelo Brasil. No ano seguinte, ainda no Programa El PAcCTO, participei da elaboração de um guia prático para investigação de crimes relativos a transporte, comercialização, armazenamento e utilização de mercúrio em garimpos ilegais, a ser utilizado pelas polícias judiciárias do continente americano.

Apesar da extensão do objeto central da investigação solicitada, e da situação de imobilidade em razão da pandemia do coronavírus, aceitei o desafio. A boa rede de contatos que ainda mantinha — com policiais federais e com servidores do Ibama, muitos deles em postos-chaves da administração — me ajudou a aceitar a proposta.

A metodologia que utilizei para o trabalho foi basicamente a realização de entrevistas com autoridades encarregadas do enfrentamento aos crimes ambientais no Brasil, que trabalhavam regionalmente na repressão de campo, assim como nacionalmente, em atividades de gestão (coordenação e controle).

Conversei igualmente com técnicos em conservação ambiental, que laboravam em planos de manejo, em atividades de campo e em ONG's, diretamente na natureza. Também entrevistei superintendentes de grandes unidades policiais localizadas na região Norte do país, assim como agentes da fiscalização da autoridade ambiental (Ibama) em nível federal. Além das entrevistas e conversas, li alguns relatórios, apresentações de casos concretos (operações policiais integradas com outras agências, disponíveis em fontes abertas), matérias de imprensa e algumas poucas produções de cunho científico.

Tendo em vista as dimensões do Brasil e as profundas diferenças regionais, busquei trocar ideias com pelo menos um profissional de cada uma das cinco regiões. Não poderia deixar de considerar a enorme diversidade dos ambientes naturais do Brasil, o que igualmente ocorre nas cidades e assentamentos humanos. Nosso país, além de diverso, é bastante assimétrico e socialmente desigual. Por isso, não tinha dúvidas de que a relação pandemia versus crime ambiental iria ser sentida de maneira distinta, conforme as vulnerabilidades e fortalezas de cada região.

Os crimes ambientais, que era um dos dois objetos de análise, guardam um largo e extenso espectro de condutas. Somente no que tange à fauna há a caça ilegal, a apanha de animais silvestres, a guarda e o transporte nacional e internacional de espécies silvestres brasileiras. Esse crime ocorre em diversas fases, desde o momento em que o animal é retirado da natureza até a sua exportação ilegal, nos casos de tráfico internacional. Nesse mesmo diapasão, temos a pesca ilegal — pesca predatória — conduta definida legalmente como crime. Há os delitos cometidos contra a flora, com foco especial no desmatamento ilegal, que alimenta o mercado negro (por meio de fraude no sistema de controle e lavagem) de madeiras. Há poluição de águas — tanto de rios e lagos como de zonas marítimas costeiras. E há lavra irregular de recursos minerais, como exploração e retirada ilegal de areia, exploração de pedras e metais preciosos.

Há ainda condutas específicas, que são vilãs notórias e geram inúmeros impactos e prejuízos ambientais, com repercussão penal, como o garimpo ilegal, que causa poluição irreversível (de rios e terrenos) por mercúrio; as queimadas, que atingem não apenas a cobertura florestal como também dizimam (carbonizados) milhares de animais silvestres; e o derramamento de óleo nos litorais, que não apenas polui as águas como ceifa a vida de grandes quantidades de espécies marinhas, como peixes, aves aquáticas e tartarugas.

Dentro dessa extensa gama de condutas, existem ações individuais, de menor potencial danoso, que poderiam ser consideradas atividades famélicas, de subsistência, embora criminosas. E hoje já sabemos de forma bastante consolidada que há atividades delituosas de natureza organizada, estratificada, e extremamente lucrativas. Para piorar o cenário, percebemos que, em pleno 2020, havia ainda uma total falta de centralização dos dados — e de estatísticas consolidadas — sobre os crimes e as infrações ambientais no Brasil.

É importante ressaltar a visão coincidente de todos os entrevistados: a pandemia não era a maior das crises enfrentadas naquele período, mas, sim, as próprias ações (ou omissões) do governo federal e suas políticas desastrosas para o meio ambiente.

Foi opinião absolutamente recorrente, tanto das autoridades da Polícia Federal como de técnicos do Ibama, que os problemas ambientais já estavam se aprofundando desde a posse do presidente Jair Bolsonaro. A pandemia foi apenas um plus.

Três delegados da Polícia Federal que entrevistamos — oriundos de unidades distintas — relataram que estamos, no Brasil atual, vivendo o pior momento da história para a proteção do meio ambiente. Segundo esses profissionais, para além dos possíveis impactos causados pela pandemia da Covid-19 houve — ainda mais forte — a influência negativa da política ambiental posta em prática pelo governo Bolsonaro.

De acordo com nossos interlocutores, haveria condescendência e tolerância bastante perceptíveis por parte do Ministério do Meio Ambiente em relação a diversas atividades danosas ao meio ambiente, levadas a efeito por garimpeiros e pelo setor madeireiro e agropecuário, principalmente em estados cujos territórios abrangem áreas da Floresta Amazônica e do Pantanal Mato-Grossense.

Observava-se, de fato, por parte das principais autoridades ambientais do governo federal, um discurso mais carregado no ideário desenvolvimentista, com indisfarçada carga de insensibilidade ambiental, que, inclusive, negava perigosamente a ameaça do aquecimento global, entre outros riscos ambientais, tanto por parte do presidente da República como do ex-ministro do Meio Ambiente Ricardo Salles. Essas posturas teriam produzido um empoderamento (algumas vezes inclusive expressamente incentivado) de grande parte dos transgressores ambientais que se dedicam a atividades criminosas como o desmatamento e o incêndio de enormes áreas florestadas.

É perceptível que a empáfia e a energia com que alguns pecuaristas incendiários e garimpeiros agiram foi algo realmente único e inédito na história recente. Os transgressores e criminosos ambientais, nos anos de

2020 e 2021, não se inibiram e suas ações carregaram um destemor nunca registrado, segundo o relato de interlocutores da Polícia Federal.

**

Em reuniões e conversas com inúmeros colegas da Polícia Federal, percebi que o objetivo de Bolsonaro é o enfraquecimento das estruturas de enfrentamento aos crimes ambientais, minando suas resistências por intermédio do aparelhamento das instituições encarregadas do combate à degradação do meio ambiente. Seu projeto com o meio ambiente é tão somente o desmonte. Não há preocupação com sustentabilidade, com a proteção de florestas ou da biodiversidade. Isso ficou patente.

Autoridades da Polícia Federal e do Ibama em postos-chaves de gestão em Brasília reportaram que havia — em curso no Ibama — uma ordem superior para que multas não fossem mais aplicadas aos transgressores ambientais. Essa diretriz teria vindo de cima, do Ministério do Meio Ambiente, do então ministro Ricardo Salles. Além disso, o Ibama também alterou o comportamento das câmaras de conciliação e estancou os processos relativos às multas já aplicadas, de forma que a pretensão punitiva venha a prescrever, eximindo os transgressores já flagrados e notificados pela fiscalização de sanções e pagamentos.

Com essa postura condescendente, registrou-se uma diminuição do poder coercitivo e inibitório da agência ambiental, com drástico e sentido decréscimo de riscos de punição, e as transgressões ambientais se tornaram ainda mais convidativas para os criminosos.

O pior dessa situação foi o exemplo que ela passou para empresas que respeitam às leis, atuam dentro do regramento, em conformidade com as normas ambientais, e gastam recursos para se adequarem às regras. Ao perceberem a existência de transgressores protegidos pela própria autoridade ambiental, nasce uma sensação de impunidade negativa no meio empresarial, na qual fica clara a adoção de uma política de omissão por parte das autoridades estatais.

A realidade é que os cenários foram sempre muito ruins, mesmo se desconsiderarmos os efeitos da pandemia.

Crimes ambientais levados a efeito a partir — ou derivados — de atividades comerciais e lucrativas, como indústria (e planos de manejo) de madeira, especialmente na região amazônica, contam invariavelmente com o cometimento do que chamamos de "crimes de suporte", como fraudes na documentação, nos próprios sistemas eletrônicos de administração e controle da atividade madeireira e, principalmente, com o suborno de agentes encarregados da fiscalização. Essa corrupção não atinge apenas os fiscais de campo, mas, sobretudo, agentes políticos em alto nível da administração pública, em cargos comissionados e eletivos e, também, membros do poder legislativo e os próprios governos estaduais. Inúmeras normas — assim como legislação ordinária — são elaboradas e aprovadas com o intuito de facilitar o funcionamento desses empreendimentos, muitas vezes com prejuízos ao meio ambiente.

A corrupção sistêmica atinge em cheio a administração e a fiscalização ambiental, principalmente por conta da política partidária praticada no interior do Brasil, nos estados com maior biodiversidade. Diversas operações policiais — como a Operação Archimedes, deflagrada em 2019 pela Polícia Federal no Amazonas — demonstram que muitas campanhas eleitorais são financiadas por madeireiras e por outros empreendimentos que degradam o meio ambiente. Invariavelmente, dezenas de políticos, que se elegem com o suporte financeiro dessas empresas, passam a funcionar em defesa ferrenha de suas atividades, independentemente dos danos que possam causar.

Os problemas são originariamente tão crônicos e profundos, e as leis são tão fracas, com tantas fragilidades nos sistemas, que os crimes ocorreriam praticamente da mesma forma, com ou sem pandemia. Há uma crise na aplicação da legislação ambiental, que foi aprofundada de cabeça pensada pelo governo Bolsonaro. A legislação, e a forma como ela é aplicada, mostra-se aparentemente ineficaz para intimidar minimamente os criminosos. Sente-se, sobretudo, a falta de uma base de dados exclusiva para registro de delitos ambientais, compartilhada on-line nacionalmente por todas as unidades que se dedicam à repressão a tais crimes.

Importante também citar que o atual governo federal, ao ter importantes cargos preenchidos por inúmeros oficiais superiores e generais das Forças Armadas (tanto da reserva como da ativa), encampou ideias e conceitos de defesa equivocados, aplicando-os ao meio ambiente, assim como o fez com credos geopolíticos defasados, como a "teoria da cobiça internacional", conforme já abordado no capítulo 5, que é ultrapassada e atrapalha a tomada de medidas acertadas em relação à efetiva defesa e conservação da Amazônia.

Há uma perceptível falta de sensibilidade ambiental que infelizmente vem permeando por décadas o pensamento do Exército brasileiro. Tais conceitos são hoje franca e ardorosamente adotados pelo governo federal, principalmente na administração da Amazônia.

Merece registro o fato do vice-presidente da República Hamilton Mourão, um general de Exército da reserva, ter sido nomeado para a presidência do Conselho Nacional da Amazônia Legal (CNAL), que foi criado em abril de 2020, no início da pandemia de Covid-19 no Brasil. O CNAL funciona sem a participação de representantes do Ibama e da Funai, dois órgãos com atuação direta e instrumental na proteção do meio ambiente e das populações tradicionais da Amazônia. No final de 2020, quando foi feito o levantamento, tinham assento no conselho 15 coronéis, sendo 12 do Exército e três da Aeronáutica, um general, dois majores-brigadeiros e um brigadeiro. Há, desta feita, um militarismo sensivelmente predominante no trato das grandes questões ambientais do país.

Estranhamente, as autoridades governamentais parecem deliberadamente ignorar que a destruição da Amazônia é operada — confirmadamente — por brasileiros (garimpeiros, madeireiros e grileiros), que cometem crimes e agressões ao meio ambiente. O governo, no entanto, fantasia sobre teorias da conspiração e ameaças — inverídicas e não confirmadas — de que potências estrangeiras e de ONG's estariam pilhando a região.

Um olhar não muito agudo sobre a Amazônia nos faz acreditar que, para as autoridades brasileiras, as riquezas minerais — e atividades agropecuárias — prevalecem e importam mais do que biodiversidade encerrada pela floresta, com seu potencial (inclusive econômico) para a biotecnologia.

Se a megadiversidade da Amazônia não for conhecida nem entendida, jamais será valorizada. Se continuarmos com essa visão reduzida e com essas políticas permissivas, corremos o risco de perder — para sempre — centenas de espécies animais e vegetais antes mesmo de conhecermos e isolarmos seus potenciais. Temos que iniciar uma mudança gradativa nas nossas políticas ambientais, sob pena de começarmos a enfrentar uma contagem regressiva para perdas — irrecuperáveis — de enormes reservas florestais em biomas importantes e, consequentemente, a extinção de incontáveis espécies da nossa fauna e flora, com graves prejuízos para a sociedade brasileira.

**

A TEMPESTADE PERFEITA

Em uma reunião do presidente da República com todo o seu ministério em abril de 2020, logo no início do enfrentamento à pandemia, o então ministro do Meio Ambiente Ricardo Salles declarou (sem saber que a gravação da reunião viria a ser amplamente divulgada na imprensa por ordem do Supremo Tribunal Federal) que o governo deveria aproveitar a grande atenção da mídia com a pandemia para "passar a boiada".

Essa foi a fatídica reunião divulgada na íntegra em razão das denúncias do então ministro Sergio Moro, que apontavam para o suposto desejo do presidente em interferir na Polícia Federal. A boiada a que o então ministro Salles se referia era, nada mais nada menos, o afrouxamento das regras de fiscalização e repressão aos delitos ambientais. Estava no cargo um ministro do Meio Ambiente que não apenas deixava de defender as questões ambientais, mas que aparentemente ocupava o posto com o desígnio de enfraquecer regras ambientais em favor da agricultura e da mineração. Era a figura do antiministro do meio ambiente.

Essa frase do ministro Salles — e a desmobilização que a ela se seguiu, que a confirmou como verdadeira — pode ser considerada como um impacto da Covid-19 na problemática da delinquência ambiental em um nível eminentemente político, mas que acarreta efeitos práticos consideráveis. A pandemia distraiu a sociedade e as instituições, e o ex-ministro Salles lançou mão desse flagelo para fazer passar sua boiada de barbaridades.

Seguindo essa fala do ministro do Meio Ambiente, o país sofreu — durante o mesmo período daquele ano — uma situação de verdadeiro caos ambiental, que atingiu dois dos mais extensos e exuberantes biomas brasileiros: o Pantanal e a Floresta Amazônica.

Entre janeiro e outubro de 2020, foram contabilizados 89.604 focos de incêndio na região denominada Amazônia Legal. No mesmo período, 30% de toda a área do Pantanal foi igualmente atingida por incêndios. Em relação aos incêndios do Pantanal, a Polícia Federal instaurou quatro inquéritos policiais, que seguiram em andamento. As investigações, no entanto, já confirmaram que os incêndios foram efetivamente criminosos e foram assinaladas inclusive as fazendas — e os fazendeiros — responsáveis pelo início dos focos das chamas.

Outra situação emblemática, que demonstra o aspecto dramático da situação, foi o discurso do presidente da República em apoio aos pecuaristas e agricultores, o qual gerou o notório "Dia do Fogo", ocorrido entre os dias 10 e 11 de agosto de 2019, no sul do Pará. A região do entorno da estrada BR-163 foi palco desse evento, organizado por fazendeiros, empresários, advogados e pessoas ligadas ao setor agropecuário. A Polícia Federal instaurou um inquérito que também já assinalou que o incêndio foi originado por ação humana criminosa.

Para piorar a situação, o então ministro do Meio Ambiente Ricardo Salles — segundo meus interlocutores — nomeara oito policiais militares para funções gerenciais em importantes coordenações e unidades do Ibama. Esses policiais militares eram oriundos da ROTA (Rondas Ostensivas Tobias Aguiar), um grupamento da Polícia de São Paulo conhecido pela truculência. Essa nomeação de militares não foi exclusiva do Ibama, pois Salles também indicou militares para cargos de comando no próprio Ministério do Meio Ambiente e no Instituto Chico Mendes de Biodiversidade (ICMBio), que cuida dos parques nacionais e outras unidades de conservação federais.

Foi veiculado pela mídia nacional que o presidente do Ibama teria se reunido com madeireiras multadas em 2,6 milhões de reais antes de afrouxar a legislação, beneficiando-as. Na mesma semana, os principais jornais brasileiros noticiaram que o governo federal teria autorizado requerimentos de mineração — flagrantemente ilegais — em áreas indígenas protegidas por Lei.

O apelido de Ministério do Desmatamento dado à pasta do Meio Ambiente não era, de fato, uma ironia nada exagerada. Salles aparentemente operou como alguém que foi infiltrado no Ministério do Meio Ambiente para funcionar no interesse de outras áreas.

**

E NO CAMINHO DA BOIADA HAVIA DOIS DELEGADOS DA PF

Na maioria dos países minimamente civilizados, as polícias enfrentam inimigos públicos perigosos, invariavelmente organizações criminosas estabelecidas à margem da lei, marginais na acepção da palavra. São traficantes de drogas, máfias que exploram jogo e prostituição, contrabandistas de armas e outros malfeitores de vulto. E é só. No Brasil, além desse tipo de delinquentes, nossas polícias passaram a confrontar-se com grupos de bandidos oficiais, que não agem à margem, mas no núcleo do poder, de cima para baixo e de dentro de governos para fora, em posições de comando. É o que chamamos de crime institucionalizado. São malfeitores "nucleares", políticos, parlamentares, chefes do Executivo, sempre mancomunados com empresários e setores produtivos, que também atuam de maneira fraudulenta. Essa malha delituosa está presente nos três níveis da administração pública (municipal, estadual e federal) e exerce influência deletéria sobre setores do Poder Judiciário. São criminosos que têm o poder formal de propor e promulgar normas e leis, de aprovar ou vetar o orçamento das polícias, de nomear ou demitir os chefes da Polícia Federal e os chefes do Ministério Público e, ainda, de indicar os juízes que os julgarão.

Quem recentemente conheceu na pele a força avassaladora do crime institucionalizado foi o delegado Alexandre Saraiva, o ex-superintendente da Polícia Federal no Amazonas e nosso velho conhecido no enfrentamento aos crimes ambientais, que colecionava sucessos na missão do combate ao desmatamento no estado.

Saraiva, que estava à frente de inquéritos policiais que apuravam crimes ambientais graves naquele estado, encaminhou, no dia 14 de abril de 2021, ao ministro Luiz Fux, presidente do Supremo Tribunal Federal, ao Ministério Público Federal e à direção-geral da Polícia Federal uma notícia-crime detalhando o cometimento de crimes por parte do ministro do Meio Ambiente Ricardo Salles.

No expediente de 38 páginas, Saraiva enquadrou Salles, o senador Telmário Mota (Pros/RR) e o presidente do Ibama Eduardo Bim nos crimes previstos no Art. 69 da Lei 9605/98 (Lei de Crimes Ambientais), Art. 321 do Código Penal (advocacia administrativa) e Art. 2º, § 1º da Lei 12.850/2013 (Organização Criminosa). Tanto Salles como Telmário tinham foro privilegiado, razão pela qual o expediente foi enviado ao Ministério Público Federal para posterior encaminhamento à Procuradoria-Geral da República.

As condutas teriam sido cometidas no âmbito da Operação Handroanthus, que, capitaneada pela Superintendência Regional no Amazonas em dezembro de 2020, foi responsável pela apreensão recorde de aproximadamente 200mil m³ (duzentos mil metros cúbicos) de madeira em toras extraídas ilegalmente por organizações criminosas que atuam na região.

Para quem acompanhou a atuação escancaradamente antiambiental do Ministério do Meio Ambiente, parece que o tipo penal previsto no Art. 69 da Lei 9.605/98 (obstar ou dificultar a ação fiscalizadora do poder público no trato de questões ambientais) foi elaborado sob medida para Salles.

O delegado Alexandre Saraiva foi, nos últimos dez anos, um dos expoentes da Polícia Federal no enfrentamento à delinquência ambiental institucionalizada. Certamente a postura decidida e desassombrada do delegado Saraiva inspirou muitos outros colegas delegados que estavam à frente de inquéritos policiais os quais investigavam grandes esquemas pilotados pelos poderosos da vez.

O mais inusitado dessa iniciativa de Alexandre Saraiva foi o fato da direção-geral da Polícia Federal não ter sido comunicada com nenhuma antecedência. Seus superiores hierárquicos foram surpreendidos com a notícia-crime, o que causou um grande mal-estar na cúpula da PF.

Medida de cautela ou não, o ato de não avisar sobre operações repressivas aos superiores hierárquicos passa a ser interpretado e reconhecido como uma reação de desconfiança dos delegados investigadores a uma aparente politização — no mau sentido da palavra — das esferas de comando das polícias judiciárias.

Ricardo Salles justifica, em uma gravação de áudio amplamente divulgada pelas redes sociais, ter intercedido em favor de madeireiros criminosos alvejados pela Polícia Federal por conta de pedidos feitos a ele por deputados federais e senadores da República. A atuação de Salles foi objeto de uma representação criminal do delegado da Polícia Federal Alexandre Saraiva, endereçada ao Supremo Tribunal Federal, que enquadrou o ministro no crime de advocacia administrativa, entre outros delitos.

Salles fez o errado, ou melhor, o erradíssimo, e ainda teve a coragem — ou seria a total falta de noção — de se justificar com essa conversa de "demandas feitas por parlamentares", como se isso o eximisse de alguma responsabilização. O que vemos com essa passagem, com mediana clareza, é como o ingrediente político, em nosso país, tem a capacidade de corromper o que é certo e naturalizar o que é errado. Ali, fazer o certo é inconfessável, enquanto o errado é justificável por conta de outros erros ainda mais graves.

Passados 40 dias da notícia-crime encaminhada por Saraiva, uma nova ação da Polícia Federal atingiu o então ainda ministro Ricardo Salles. Nessa operação, o delegado federal Franco Perazzoni, no curso de uma investigação correlata, obteve mandados de busca e apreensão para todos os endereços de Salles.

Essa segunda ação em desfavor de Salles merece ser melhor entendida. Durante nossas longas carreiras como policiais federais não é raro nos deparamos com delinquentes, sejam eles contrabandistas, estelionatários ou traficantes de drogas, que, de tão abrangentes, diversificados e ativos em suas respectivas práticas criminosas, acabam sendo alvo de duas (ou até três) investigações estanques num mesmo espaço-tempo e conduzidas em mais de uma unidade policial.

Muitas vezes, uma operação de uma equipe policial literalmente atropela o trabalho de outra; em outras ocasiões, essa convergência de ações pode apresentar caráter sinérgico, o que acaba, felizmente, por catalisar e fortalecer o produto da missão da polícia judiciária: a produção de provas perante a autoridade judiciária.

O ministro do Meio Ambiente Ricardo Salles, alvejado no dia 19 de maio de 2021 pela Operação Akuanduba da Polícia Federal, pode ser, então, um bom exemplo de um desses peixes que são fisgados por dois anzóis, quase ao mesmo tempo, por duas investigações iniciadas em razão de condutas distintas, levadas a efeito em localidades distintas, mas que, em determinado momento, se encontraram, numa curiosa relação de causa e efeito.

Os mencionados anzóis nesse caso foram o inquérito conduzido na PF do Distrito Federal pelo delegado Franco Perazzoni (que originou a própria Akuanduba) e os inquéritos presididos na PF do Amazonas pelo Delegado Alexandre Saraiva (que originaram a Operação Handroanthus e deram origem à notícia-crime enviada por Saraiva ao Supremo Tribunal Federal, contra o ministro Salles, inicialmente distribuída para a ministra Carmem Lúcia do Supremo Tribunal Federal, por conta do foro privilegiado de Ricardo Salles na época).

Em linhas gerais, o que o trabalho do delegado Perazzoni assinalou, a partir de importante cooperação internacional em matéria criminal, capitaneada pelo agente especial Bryan Landry, titular da adidância do United States Fish & Wildilfe Service na embaixada americana em Brasília, foi a existência de 8,6 mil cargas de madeira ilegal nos Estados Unidos, cuja saída de nosso país teria sido facilitada pelo desmonte que Salles operou na fiscalização do Ibama no Porto de Vila do Conde em Belém do Pará.

O inquérito de Perazzoni percebeu a porteira escancarando para passagem da boiada exatamente na revogação da Instrução Normativa (IN) 15/2011 do Ibama, ocorrida por intermédio de um "despacho interpretativo" da lavra de seu presidente, datado de 26 de fevereiro de 2020, quando começava a pandemia do coronavírus no Brasil.

Com essa decisão, os produtos florestais passaram a ser tão somente acompanhados de documento de origem florestal (DOF), que serve, na prática, apenas para que a madeira seja transportada até o porto, enquanto a instrução normativa revogada previa uma autorização para a efetiva exportação.

A investigação de Perazzoni, em razão do foro privilegiado do seu alvo principal — o então ministro Ricardo Salles —, estava no Supremo Tribunal Federal, com o ministro Alexandre de Moraes, magistrado que acabou assinando as ordens de busca e autorizações de quebra de sigilo em desfavor de Salles *et caterva*.

A "correria" que Salles empreendeu no Pará para liberar a madeira apreendida na Operação Handroanthus ("correria" que foi observada e identificada pelo delegado Saraiva como advocacia administrativa), ocorreu exatamente para que o produto florestal passasse num verdadeiro *fast track* ilegal — e criminoso —, o qual, por sua vez, foi objeto da investigação do delegado Perazzoni, sendo assinalado como facilitação de contrabando.

Duas situações distintas, sobre delitos perpetrados em lugares e tempos distintos, mas conexas entre si pela titularidade de algumas condutas de Ricardo Salles e do presidente do Ibama, entres outros atores, e empresas e instituições que de alguma forma se beneficiaram e protagonizaram as duas situações, como a Associação das Indústrias Exportadoras de Madeira do Estado do Pará (AIMEX), que congrega inúmeras madeireiras que foram alvo de ambas as ações.

Merece destaque que tanto Franco Perazzoni como Alexandre Saraiva são delegados federais que se especializaram na atividade de repressão aos crimes ambientais, com longas passagens por unidades que se encarregam dessa relevante missão, além de terem doutorado na área ambiental.

Completando 20 anos de sua criação em 2021, a DMAPH, comandada no momento da Operação Akuanduba por outro especialista, o delegado Rubens Lopes, foi a unidade em que Perazzoni, Saraiva e muitos outros — como o próprio Rubens — fizeram escola. Foram duas décadas de realização de centenas de projetos importantes e operações repressivas, em que a Polícia Federal formou mulheres e homens que hoje combatem esse flagelo que ameaça o futuro da humanidade.

O crime ambiental no Brasil é uma atividade organizada, extremamente lucrativa e desgraçadamente destruidora, e que conta, comprovadamente, com um enorme esquema de proteção política, que favorece os delinquentes, com a necessária imbricação com a criminalidade institucionalizada, essa já tão conhecida da nossa sociedade. Nenhum governo — estadual ou federal — tem o direito de não se sensibilizar ou de se omitir em relação à proteção das nossas florestas.

A delinquência ambiental do andar de cima lança mão de figuras deletérias como a corrupção normativa, que consiste na elaboração e aprovação (ou revogação) de normas ambientais, por encomenda e à feição dos interesses dos criminosos. A corrupção normativa é um dos exemplos clássicos de um produto dessa criminalidade institucionalizada.

Nesse flagelo da institucionalização do crime, um dos mais fortes sintomas de sua ocorrência é quando os malfeitos são abençoados e chancelados pelas mais altas esferas do poder central. Aí vislumbramos que estamos perdidos, quando os governantes não apenas sabem sobre os delitos de seus subordinados, mas, sobretudo, os protegem e os amparam. As práticas reprováveis e, mormente, a naturalização das coisas erradas, seguem vivas como sempre.

A Polícia Federal, para o bem da sociedade, deve seguir seu caminho inabalável, protegendo, com suas investigações e operações repressivas, os bens, interesses e serviços da União. E é fundamental lembrar que a natureza, as florestas e a fauna silvestre, muitas vezes, não nos darão uma segunda chance.

CAPÍTULO 10

DEZ CAMINHOS PARA O FUTURO: LIÇÕES DE UMA LONGA ESTRADA

Rememorada a trajetória do combate ao crime ambiental, desde a concepção, passando pelo estabelecimento e instalação da Divisão de Repressão aos Crimes contra o Meio Ambiente e o Patrimônio Histórico, até a realização de inúmeras megaoperações, é evidente que já avançamos muito. Mas, infelizmente, é uma triste realidade que o Brasil tenha "vocação" para a destruição de seu próprio patrimônio natural. Para mitigar vulnerabilidades e endurecer o enfrentamento aos malfeitos ambientais, bem como para fortalecer as instituições que são encarregadas da administração e do combate aos crimes ambientais, oferecemos algumas sugestões para ampliarmos a proteção de nosso maior bem.

1. Um dos grandes nós da administração ambiental no Brasil é a falta de blindagem das instituições contra o aparelhamento político a que costumam ser muitas vezes submetidas por gestores públicos mal-intencionados. Para diminuir essa possibilidade, seria fundamental que o Ibama fosse contemplado com uma Lei Orgânica que estabelecesse uma carreira própria e exclusiva da instituição. As coordenações, diretorias e superintendências passariam a ser ocupadas exclusivamente por servidores de carreira, escolhidos pelo próprio gestor do órgão. Teríamos, assim, autonomia administrativa para o cargo de presidente da instituição, além de carreira e especialização em favor do profissionalismo e do cumprimento da missão da instituição do Estado, com menor possibilidade de desvios.

2. O estabelecimento de uma academia própria, uma *alma mater* da principal agência ambiental brasileira, destinada à formação de todos os servidores do Ibama. Essa escola, nos moldes da academia do US Fish & Wildlife Service, serviria, igualmente, para treinamento e aperfeiçoamento durante a carreira. Uma academia exclusiva fortaleceria muito a atuação do Ibama. Esse centro acadêmico poderia ser partilhado pelo ICMBio.

3. Criação e fortalecimento, nas 27 polícias civis estaduais, de uma unidade especializada no combate aos crimes ambientais. Fortalecimento e expansão da DMAPH, a unidade especializada da Polícia Federal, com elevação do atual status de divisão para o de coordenação-geral — atualmente a unidade passou a ser chamada de CMAPH (Coordenação de Repressão ao Crimes Ambientais). Ressalto aqui também a recém-retirada da DMAPH do âmbito da Coordenação-Geral de Polícia Fazendária, um equívoco crasso da atual administração da PF, pois o crime ambiental é, também e antes de tudo, um crime econômico, que atinge os interesses financeiros s do país.

4. Estabelecimento de um “sistema integrado de troca de informações e de administração de base de dados criminal e estatístico da delinquência ambiental” entre a Polícia Civil, Polícia Federal e Polícia Rodoviária Federal de todos os estados.

5. Criação de um "mapa da delinquência ambiental", no qual todos os crimes dessa natureza fossem plotados no espaço geográfico do país, de forma a termos atualizada a tipologia e ocorrência, viabilizando o planejamento e ações integradas entre as polícias. O "mapa" seria desenvolvido e alimentado pelos componentes do sistema sugerido no item anterior. Hoje, não há estatística ou registros consolidados, nem dados criminais centralizados, sobre a delinquência ambiental. É absolutamente impossível conseguir dados ou informações acerca da delinquência ambiental sem que se faça uma extensa pesquisa em diversos organismos. Para piorar, muitas das instituições não alimentam as próprias bases.

6. Estabelecimento de um "gabinete de crise ambiental", como já tinha sido sugerido pela DMAPH, composto por membros de diversas agências, para resposta rápida e enfrentamento a cataclismas e tragédias ambientais de grande escala, como o rompimento de barragens, derramamentos de óleo em extensas faixas litorâneas, incêndios de largas proporções em áreas de florestas protegidas, que vêm acontecendo em curtos intervalos de tempo no país. O "gabinete" não seria um organismo de funcionamento regular e sua ação estaria condicionada apenas à ocorrência de desastres que reverberassem na esfera criminal e que, por suas dimensões, gerassem situação crítica de comoção social.

7. Criação de uma estrutura permanente de "força tarefa de enfretamento à corrupção conexa aos crimes ambientais" na região Norte do país. Tal unidade seria composta pela Polícia Federal, Polícia Rodoviária Federal, Ministério Público Federal, Receita Federal, Funai e Ibama, entre outras instituições. O dispositivo funcionaria com corpo de policiais e peritos engajados com exclusividade nessa missão para instauração de inquéritos e investigações policiais focadas na corrupção sistêmica operada na região (Amazônia Legal), em suporte e em conexão com a delinquência ambiental.

8. Fortalecimento, remodelação e melhor aproveitamento — com mais constância e profundidade — do Centro de Integração e Aperfeiçoamento de Polícia Ambiental (Ciapa) da Polícia Federal. O Ciapa fica localizado em uma excelente área de floresta amazônica, às margens do rio Cueiras, a uma distância de duas horas de barco de Manaus. Trata-se de um centro destinado ao treinamento e aperfeiçoamento das atividades de repressão aos crimes ambientais, onde já foram ministrados cursos de especialização em matérias como reconhecimento de madeira, técnicas de investigação, infiltração e vigilância em área de selva. O Ciapa deve ser utilizado e explorado como plataforma para aprimoramento de policiais do Brasil inteiro.

9. Início de transferência paulatina para a Região Amazônica de unidades e contingente do Exército Brasileiro que estão estacionados e estabelecidos nos litorais das regiões Sudeste e Nordeste e em áreas de fronteiras na região Sul. Não há mais necessidade de termos tantas unidades do Exército em áreas que estão há mais de um século bastante desenvolvidas e densamente povoadas. Considera-se, principalmente, nessa questão, o fato de o Brasil não se envolver em conflitos desde 1945 (75 anos sem qualquer enfrentamento de inimigo externo). Por isso, melhor seria termos as nossas forças terrestres — e a sua capacidade instalada — mais concentradas na Região Amazônica, com uma visão estratégica alinhada com as necessidades da sociedade brasileira do século XXI.

10. Inclusão de "educação ambiental e sustentabilidade" como componente curricular obrigatório na grade das escolas de ensino fundamental e ensino médio do país. Um dos grandes problemas que enfrentamos hoje é a falta de sensibilidade, conhecimento e educação do povo brasileiro em relação aos valores de um meio ambiente preservado. A falta de cultura e de noções mínimas sobre meio ambiente e sustentabilidade dificultam muito a colocação em prática e o sucesso de projetos ambientais, inclusive o enfrentamento e a conscientização acerca dos malefícios dos crimes ambientais. Com isso, teremos mais chances de garantir que as gerações futuras consigam preservar um patrimônio tão importante não apenas para o Brasil, mas para toda a comunidade global.

ANEXO

A ESTRUTURA E O FUNCIONAMENTO DA POLÍCIA FEDERAL

A Polícia Federal é, por força da Constituição Federal de 1988, a polícia judiciária da União.

Em outras palavras, é a polícia que tem a atribuição de investigar os crimes federais, que são delitos onde o interesse da União está, de alguma forma, sendo atingido.

A atividade de polícia judiciária, também chamada de PJ, implica sempre na condução de investigações que buscam a materialidade e a autoria dos delitos federais, invariavelmente levadas a cabo por intermédio de um inquérito policial, cuja presidência caberá sempre a um delegado da Polícia Federal.

A missão de PJ é desempenhada sob a fiscalização do Ministério Público Federal, sendo que a maioria do trabalho desenvolvido em seu curso é destinado à Justiça Federal, que é a esfera judicial competente para julgar os crimes federais investigados pela PF.

Nas diversas situações em que os alvos das investigações possuem foro privilegiado, a PF funciona como polícia judiciária de outros órgãos da Justiça, todos na esfera federal. São os Tribunais Regionais Federais (TRFs), o Superior Tribunal de Justiça (STJ) e o Supremo Tribunal Federal., respectivamente o juízo de competência originária para crimes federais de prefeitos etc., para crimes de governadores de estado, desembargadores etc., e para crimes comuns do presidente da República, crimes de ministros de estado, parlamentares federais etc. Há ainda os casos de crimes eleitorais, onde a PF funciona como polícia judiciária da Justiça Eleitoral.

Por isso, essa atividade leva o nome de “polícia judiciária”. No Brasil, além da PF, as 27 polícias civis estaduais também são polícias judiciárias, que investigam crimes comuns, nos estados e Distrito Federal.

A PF também desempenha algumas missões de polícia administrativa. Alguns desses serviços são bem conhecidos da sociedade brasileira, outros nem tanto. Um deles é a expedição de passaportes para cidadãos brasileiros, assim como o desempenho das atividades de controle de imigração em portos, aeroportos e fronteiras. O controle de estrangeiros também é uma outra atribuição, igualmente de natureza administrativa.

Entre as menos conhecidas estão a fiscalização de atividades de segurança privada e, também, a fiscalização de comércio de produtos químicos que possam servir como insumos para elaboração de substâncias entorpecentes.

Em termos organizacionais, a PF tem as suas atribuições estruturadas em unidades de coordenação e controle (que orientam e preconizam diretrizes da sua atuação). Essas unidades são chamadas de órgãos centrais e ficam todas na sede em Brasília. Elas funcionam como a “cabeça” ou o “cérebro” da Polícia Federal. Não são unidades operacionais, mas de planejamento e articulação.

Entretanto, sabemos que qualquer cabeça precisa de membros — de braços e pernas para se locomover e alcançar seus objetivos. E os braços operacionais da PF são exatamente as suas 27 unidades, as superintendências regionais, localizadas em cada uma das 27 capitais das Unidades da Federação.

Em cada estado, então, há uma superintendência regional da PF. Por sua vez, as superintendências têm, também, algumas unidades a elas subordinadas — para potencializar a capilaridade da sua atuação — localizadas em alguns municípios estratégicos daquele determinado estado.

Nas superintendências encontram-se as delegacias especializadas, projeções operacionais das unidades de coordenação e controle, os órgãos centrais da sede.

Dessa forma, por exemplo, o órgão central de coordenação e controle da atividade de repressão a entorpecentes, que funciona em Brasília, traça metas, estratégias, e consolida estatísticas para o trabalho das suas respectivas delegacias especializadas (na repressão a entorpecentes), que são suas projeções operacionais, localizadas em cada uma das 27 superintendências regionais.

Quem instaura inquéritos, investiga, opera e atua na repressão são as delegacias, que estão sempre localizadas nas superintendências regionais. São as chamadas unidades "descentralizadas", constituindo nos braços e pernas da PF.

A Polícia Federal também se organiza e se departamentaliza por conta das suas diversas atribuições, isto é, ocorre uma divisão de tarefas a partir das diferentes missões constitucionais em que atua.

Nos órgãos centrais, a Polícia Federal está organizada em unidades de coordenação e controle, que por sua vez são departamentalizadas a partir das missões constitucionais: coordenações de Polícia Fazendária, de Polícia Criminal Internacional (Interpol), de Repressão a Entorpecentes, de Polícia Aérea e Marítima e de Fronteiras, de Crimes Cibernéticos e por aí vai. Essa subdivisão por temas se repete igualmente nas descentralizadas, com delegacias especializadas como projeções operacionais dessas mesmas áreas de atuação.

Os policiais federais ocupam os cargos de agente de polícia federal, escrivão de polícia federal, papiloscopista de polícia federal, perito criminal federal e delegado de polícia federal. A PF também conta com um corpo de servidores administrativos.

Os agentes federais são as mulheres e homens de campo, isto é, são investigadores e analistas, e existem em maior número. Os escrivães têm função de apoio ao delegado, especificamente na formalização dos atos dos inquéritos. São os escrivães que zelam pelos registros, chancelas e guarda dos apuratórios, e apoiam a autoridade policial nos depoimentos etc. Os papiloscopistas são os técnicos e especialistas em identificação datiloscópica. Cuidam das impressões digitais de usuários dos nossos sistemas, de suspeitos e de pessoas indiciadas nos inquéritos, além de zelar pelos setores de identificação da PF. Os peritos são os experts da PF. São biólogos, contadores, engenheiros, especialistas em computação, que cuidam dos serviços de criminalística e, também, elaboram os laudos periciais que dão suporte aos inquéritos policiais. Os delegados são as autoridades policiais que se encarregam da presidência e condução dos inquéritos policiais, da inteligência das investigações e do comando e gestão da Polícia Federal. Os delegados federais têm, necessariamente, formação em Direito.

Uma das últimas estruturas a serem criadas em seu organograma, a Polícia Federal também conta com as unidades estabelecidas fora do Brasil: as adidâncias e oficialatos de ligação.

No final dos anos 1990 foi iniciado o projeto de criação das adidâncias, os pequenos escritórios da Polícia Federal localizados nas embaixadas do Brasil, no exterior. Essas reduzidas representações funcionam para facilitar a cooperação entre as polícias, seja na instrução de inquéritos que apuram crimes transnacionais, seja na oferta de cursos e treinamentos para seus agentes.

O projeto se iniciou com as adidâncias de Buenos Aires, Bogotá e Assunção. A partir de 2008, foram abertas as de Paris, Roma, Washington, Lisboa, Pretória, Londres, Madrid, Cidade do México, Caracas, Lima, La Paz, Georgetown e Montevidéu. Em uma adidância trabalham apenas dois policiais: o adido (sempre um delegado) e um auxiliar de adido (sempre um agente, escrivão ou papiloscopista).

Foram abertos também alguns oficialatos de ligação, em organismos internacionais multilaterais, como na Interpol, em Lyon; na Joint Interagency Task Force South (JITF South), em Key West; na International Civil Aviation Organization (ICAO) em Montreal; na Ameripol em Bogotá, e na Europol em Haia, entre outros. A presença da Polícia Federal nessas instituições faz parte de um esforço conjunto para o enfrentamento da criminalidade transnacional.

Muitas das operações de repressão aos crimes ambientais, bem como diversos treinamentos da DMAPH, foram conseguidos por intermédio do trabalho desenvolvido nesses postos internacionais da Polícia Federal.

Todas as polícias nacionais ou federais dos principais países do mundo contam com corpo de adidos trabalhando no exterior. Não há mais, no mundo interconectado, como obtermos sucesso em nossas grandes investigações sem uma boa plataforma de cooperação policial internacional.

GLOSSÁRIO

ANP	Academia Nacional de Polícia
APF	Agente da Polícia Federal
ATPF	Autorização para Transporte de Produtos Florestais
BDDA	Banco de Dados da Delinquência Ambiental
CAEPE	Curso de Altos Estudos de Política e Estratégia
CAOP	Coordenação de Aviação Operacional — unidade de apoio aéreo da PF
CGCI	Coordenação-Geral de Cooperação Internacional
CGPFAZ	Coordenação-Geral de Polícia Fazendária
CIAPA	Centro de Integração e Aperfeiçoamento de Polícia Ambiental
CITES	Convenção sobre o Comércio Internacional de Espécies da Fauna e da Flora Ameaçadas de Extinção
CNAL	Conselho Nacional da Amazônia Legal
COMAP	Coordenação de Prevenção e Repressão aos Crimes contra o Meio Ambiente e Patrimônio Histórico
Delefaz	Delegacia de Polícia Fazendária
DELEMAPH	Delegacia de Repressão aos Crimes contra o Meio Ambiente e Patrimônio Histórico
DIP	Diretoria de Inteligência Policial — unidade central de inteligência da PF
DIREX	Diretoria Executiva
DMAPH	Divisão de Repressão aos Crimes contra o Meio Ambiente e Patrimônio Histórico
DOF	Documento de Origem Florestal

DRE	Delegacia de Repressão a Entorpecentes
ECN IP	Escritório Central Nacional da Interpol
ESG	Escola Superior de Guerra
FUNAI	Fundação Nacional do Índio
GSI	Gabinete de Segurança Institucional
IBAMA	Instituto Brasileiro do Meio Ambiente e dos Recursos Naturais Renováveis
ICMBio	Instituto Chico Mendes de Conservação da Biodiversidade
INC	Instituto Nacional de Criminalística
Interpol/OIPC	International Criminal Police Organization / Organização Internacional de Polícia Criminal
MDA	Mapa da Delinquência Ambiental
MLAT	Mutual Legal Assistance Treaty
MPF	Ministério Público Federal
OMC	Organização Mundial do Comércio
RENCTAS	Rede Nacional de Combate ao Tráfico de Animais Silvestres
SR/RJ	Superintendência Regional (da PF) no Rio de Janeiro
Supac	Subsecretaria do Patrimônio Cultural
TCO	Termo Circunstanciado de Ocorrência
TRIPS	Tratado Sobre Direitos de Propriedade Intelectual Relacionado ao Comércio Internacional
USFWS/FWS	US Fish & Wildlife Service
WWF	World Wildlife Fund

AGRADECIMENTOS

Agradeço à minha mulher e companheira Lilibeth, pelo amor, pela inspiração e pelos incentivos.

A minha mãe Norma e a meu pai Jorge Pontes (in memoriam), pelo amor com que me criaram e pelo investimento que fizeram na minha educação.

À minha querida primogênita, que também é minha assistente pessoal, Beatriz Pontes, pelo carinho, paciência e profissionalismo demonstrados na árdua tarefa de sobrepujar minha hiperatividade, ajudando a tornar possível esse projeto editorial.

Aos meus outros — e também muito amados — filhos, Vitória, Jorge, Pedro Henrique e João Guilherme Pontes, pela amizade, pelo amor e pela última viagem que me farão empreender, com as suas próprias trajetórias.

Ao meu inesquecível avô Osmar Dantas Barbosa (in memoriam) por ter plantado em mim, ainda menino, o amor por bichos e plantas.

A Arnon Affonso e Joaquim Pedro, primogênitos da minha mulher, pelo incentivo que me deram em relação a esse livro.

Aos agentes federais do núcleo original da DMAPH, Luena Rego, Mara Fregapani, Cristiane Oioli e Claudia Bezerra, que deixaram a Interpol e me ajudaram a fundar a área de repressão aos crimes ambientais da PF, e sem os quais não teria logrado êxito.

Aos agentes federais Angela Mardegan, Cecilia Accioly, Carlos Augusto Abreu, Alvaro Vitor que também foram fundamentais na consolidação da unidade recém-criada.

Aos meus chefes, os delegados da PF Jorge Freitas, Alciomar Goersch, Paulo Ornellas, Valquíria Teixeira, Wilson Damázio, Zulmar Pimentel e Paulo Lacerda, pela confiança que depositaram, desde sempre, no nosso trabalho de repressão aos crimes ambientais na PF.

Ao agente da PF Luís A. Maciel e aos delegados da PF Tatiana Torres, Daniele Grossheimer, Adriana Vasconcelos, Claudia Braga, Arcelino Damasceno, Janderlyer de Lima, Luiz Carlos Nóbrega, Alexandre Saraiva, Franco Perazzoni e Rubens Lopes, por terem me ajudado a rememorar algumas passagens importantes relatadas nesse livro.

Aos agentes da PF Kilma Manso, Carlos Eduardo da Costa e Hamilton Mendes, pela bela trajetória na atividade da repressão aos crimes ambientais e pelos ensinamentos que passaram, durante anos, em treinamentos e como instrutores na Academia Nacional de Polícia.

Ao analista ambiental Roberto Cabral, do Ibama, pela seriedade e profissionalismo, nas muitas missões cumpridas em apoio e cooperação com a Polícia Federal.

À agente especial Jill Birchell, do United States Fish & Wildlife Service, por iniciar uma cooperação de alto nível entre sua agência e a Polícia Federal.

À "confraria" de participantes do então Interpol Subgroup on Wildlife Crime, Ivar Husby (Noruega), Ed Espinosa (USFWS Lab), Ben Goddard (USFWS Lab), Carl Mainen (USFWS), Fred Den Hertog (Países Baixos), Jytte Ekdahl (Dinamarca), Bill Clark (Israel), Pavla Rihova (República Tcheca), John Sellar (CITES), Marco Fiore (Itália), Peter Younger (Nova Zelândia), pelo suporte internacional que nos dedicaram, principalmente nos anos que antecederam à criação da DMAPH.

Às editoras da mapa lab, Ana Paula, Martha e Camila, pela paciência, carinho e profissionalismo com que abraçaram esse projeto.

Ao Professor Doutor Arthur Trindade Maranhão Costa, da Universidade de Brasília (UNB), por ter me dado a ideia de escrever este livro.

Ao jornalista e escritor Fernando Gabeira, pela generosidade em oferecer um prefácio primoroso, que sintetizou com exatidão as mensagens do livro.

Ao casal de ambientalistas e editores Lúcia Chaib & René Capriles (in memoriam), pela oportunidade que me deram ao disponibilizar espaço na sua ótima revista mensal *ECO 21*, onde publiquei dezenas de artigos ao longo de todo o período em que ficamos à frente da DMAPH.

E, last but not least, à Sirleia, Renata, Mara, Maria Antônia e Dudu, pelos sorrisos e pela doçura com que cuidaram de mim enquanto eu trabalhava nessa obra.

Esta obra foi produzida pela mapa lab no outono de 2022.
O miolo foi impresso em papel polen bold 90 g/m²
usando as fontes Chronicle Text e Kapra Neue.